Ser Padres en el Siglo 21

Ser Padres en el Siglo 21

Lo que como niño quiero decirte y necesito que entiendas

María del Mar Ayala Charriez, Psy.D.

 por María del Mar Ayala Charriez (2015).

Todos los derechos están reservados. Excepto los permitidos en el U.S. Copyright Act de 1976. Ninguna parte de este libro puede ser reproducida, copiada, grabada o transmitida en cualquier formato o sea electrónico, mecánico, gráfico, incluído las fotocopias, grabaciones y otros sistemas de base de datos sin el permiso escrito de la autora del libro.

Este libro tiene el interés de educar por lo que su información es con dicho propósito. La información presentada en el mismo no debe ser utilizada para el diagnóstico o tratamiento en condiciones de salud mental. De necesitar ayuda profesional, por favor, consulte con un profesional de salud mental debidamente certificado. La autora y cualquier otro componente en la edición de este libro no se hacen responsables por el uso indebido del material presentado.

Library of Congress Control Number: 2016906957
Copyright© 2015

Correo electrónico: mdmayalac@gmail.com

Dibujo de la portada: Wilmary Rodríguez Pérez
Revisado por: Vigimaris Nadal de Editorial Narra & Isabel Ayala

ISBN-13: 978-0-692-51095-7

A Alondra del Mar, mis padres, los niños y padres con los cuales he trabajado.

Agradecimientos

¿A quién agradezco la inspiración en la redacción de este libro? Definitivamente, y en primera instancia, a una persona maravillosa que a través de la historia de su vida ha sabido desempeñar con gran maestría uno de los roles más importantes que su vida le haya brindado: a ti, mami, porque simplemente tú me brindaste todo aquello que hoy un niño necesita para ser niño. Además, me permitiste aprender a disfrutar de ese proceso de una manera ordenada, satisfactoria, libre e individual. Me enseñaste a reconocer la importancia de vivir en comunidad y seguir las reglas establecidas sin el temor inmenso y la docilidad absoluta que exigen los padres de hoy. Sino, con la oportunidad de increpar acerca de las reglas establecidas, de entender el motivo por el cual se establecen y de darme cuenta que en ocasiones es normal preguntar, buscar respuestas y analizar las opciones. Además, entender que resulta importante formular nuevas alternativas de convivencia que no necesariamente sean aquellas previamente establecidas.

Gracias por no enseñarme una docilidad ciega. Gracias por enseñarme la oportunidad de evaluar mis alternativas y crear mis propias conclusiones acerca de la forma adecuada de vivir, actuar y soñar acerca de la vida. Gracias por permitirme exponer mis ideas y expandir mi creatividad hasta el punto de ser la persona que soy. Definitivamente, no una persona perfecta, porque nunca exigiste una niña perfecta, pues entendiste que más bien era una niña en constante proceso evolutivo. Gracias por entender que, como tal, soy un ser humano que cada día va aprendiendo y evolucionando según las circunstancias que enfrento. Definitivamente, gracias por continuar enseñándome, pero sobre todo gracias por permitirme ser yo y no una copia incorrecta de ti. Gracias por permitirme crecer no a tu imagen y semejanza, sino más bien de acuerdo con mis posibilidades y mi propio cúmulo de experiencias. Gracias por continuar siendo una madre excepcional que aún hoy continúa enseñándome a ser un mejor ser humano. Gracias por no enseñarme a través de las críticas, sino a través de la comprensión de mi comportamiento, la estimulación y el refuerzo de ser yo en todo lo que ejecute. Gracias por enseñarme a creer firmemente en que si aprendo a observar los aspectos positivos de nuestra existencia entonces, seré mejor persona. Si aprendo a tener fe en lo que hago, lo que me rodea y la humanidad en sí, entonces podré tener un mejor comportamiento en relación a ella.

Sabes, mami…simplemente gracias por ser excelente en todo el sentido de la palabra. No lo digo tan solo porque seas mi madre sino porque te puedo ver a través del crisol de los niños con los cuales he intervenido a través de estos años que mi educación y profesión me han permitido. A través de las enseñanzas que ellos también me han provisto acerca de lo que esperan y necesitan de un buen padre o madre. Porque al escucharlos te veo a ti y veo lo que me has dado a través de la vida. Porque al prestarles gran atención observo que lo que ellos reclaman a través de las terapias es justamente lo que yo he podido disfrutar a través de ti en mi rol de hija. Ser madre no es una tarea fácil, pero ser hijo definitivamente tampoco lo es. Gracias por hacer mi rol uno más fácil. Gracias por dejarme vivir mi vida. Te amo inmensamente.

Gracias además, como mencionara, a ustedes los niños con los cuales he intervenido y que me han enseñado día a día lo que esperan y necesitan de sus padres. Este libro también es un tributo a ustedes, lamentablemente a sus decepciones, sus dificultades, sus sinsabores en la vida, su afán de vivir libremente y sus deseos de ser mejores. Su deseo sin igual de que sus padres les permitan ser ustedes mismos a través de los actos que realizan y además que les puedan brindar lo que más ustedes necesitan y reclaman a través de los procesos de psicoterapia. ¿Qué reclaman? Pues, podría resultar paradójico, pero en realidad es sumamente sencillo… a sus padres, su amor incondicional y su entrega sin igual ya que cada momento en que interactúan se convierte en una entrega de ustedes a nosotros los hijos. ¿Qué reclaman los niños? ¡Simplemente a ustedes!

Gracias además a ustedes, aquellos padres que confiaron a sus niños en mí y confiaron además en el mensaje que sus hijos necesitaban transmitir a través de mí. Recuerden que son ustedes el tesoro más importante que tienen los niños a través del amor, la compañía e interacción que decidan brindarles día a día.

Por esta línea, no puedo olvidar a un excelente ser humano que me ha enseñado a luchar por lo que deseo y continuar firmemente hacia la meta. Gracias a ti, papi, por ser un modelo a seguir en términos de luchar por aquello que deseo y seguir progresando poco a poco en el camino de la vida, cuesta arriba como lo has hecho tú, contra el viento, como los ánsares cuando cruzan el Himalaya. Gracias también por enseñarme cuando es necesario decir no y defender mis derechos o más bien suplir mis necesidades y no las de otro a costa de mi bienestar físico y emocional.

Gracias a la Dra. Yaritsa González Martínez, colega y amiga, por sacar de tu tiempo para revisar el manuscrito final y realizar las observaciones y/o recomendaciones necesarias para el mismo. Gracias por las palabras que me dijeras al entregármelo ya que se convirtieron un aliciente para mí.

Gracias a Vigimaris de Editorial Narra por tu buena vibra, tu apoyo y tu guía para completar un sueño y hacerlo una realidad.

Contenido

Introducción	xiii
La mente detrás del libro	xv
Antes de empezar	xix

1. Háblame claro — 1
2. Busca el momento para hablar — 7
3. Escúchame — 9
4. Conoce mis sentimientos — 13
5. Prevención — 17
6. ¿A quién imito y qué imito? — 21
7. Tus estilos de comportamiento y sus influencias — 27
8. Establece una estructura — 31
9. Sé constante — 35
10. Instrucciones — 39
11. ¿Por qué tantos "no", acaso hay algo que yo sí pueda hacer? — 43
12. Muchos roles: ¿Qué esperas de mí? — 47
13. ¿Qué alternativas tengo? — 51
14. El castigo corporal, tu legado para nuestra sociedad — 55
15. Consecuencias lógicas — 61
16. ¿Cómo experimentamos los niños la depresión y la ansiedad? — 65
17. Déjame saber cuando lo hago bien — 69
18. ¿Cómo lograr que yo haga lo que tú deseas? — 75
19. Promueve en mí un sentido de independencia — 79
20. Cuando me dejas de lado por ser independiente — 83
21. Aprende a elegir las batallas — 87
22. ¿Sabes cuál es mi problema? — 91
23. Ponte en mi lugar — 97
24. No soy un soldadito de plomo sino un niño con mucha curiosidad ante el mundo que me rodea, lo nuevo, lo que no entiendo… — 101

25. ¡Atiéndeme, diviértete conmigo! 105
26. Respeta mi estilo 109
27. Evita las críticas 113
28. Autoestima 117
29. Confía en mí, yo puedo 121
30. Promueve mi inteligencia 125
31. Cuando me ayudas a convertir las "fallas" en oportunidades para el aprendizaje, me enseñas a ver lo positivo 129
32. ¡Acéptame como soy! 133
33. Aspectos positivos de aceptarme como soy 139
34. ¿Por qué me condicionas tu amor? 141
35. Cuando ustedes deciden divorciarse 143
36. Papá, mamá: ¿qué tal si se ponen de acuerdo? 147
37. ¿Sabes tú cómo aprendo mejor? 153
38. La muerte y yo: ¿cómo me la explicas? 157
39. Cuando alguno de nosotros descubre que es gay: ustedes entran en crisis y nosotros también 163
40. Los miedos y las inseguridades que nos has creado: la generación del "Cuco" 167
41. No soy tu confidente ni tu mejor amigo/a 171

Una nota final 173
Referencias 175
Libros y/o documentos que te recomiendo 177

Introducción

¿Por qué escribir un libro acerca de ser padres o cómo hacerlo mejor en ese rol tan difícil de ser padres? Quizás porque la mayoría de los libros escritos para padres están escritos desde la perspectiva de ustedes y no de nosotros, los hijos, que también, irónicamente, somos ustedes. Este libro plantea un mensaje diferente al ser representado no por las ideas que tienen y/o nos hemos creado los adultos acerca de cómo sería adecuado ser mejores padres, sino más bien las enseñanzas que me han brindado muchos niños a través de las terapias. Además, presenta la información que les ha sido transmitida a ustedes en un esfuerzo coordinado por llevar un mensaje claro y lo más específico posible. Explica lo que la gran mayoría de los niños del siglo XXI necesitan precisamente de sus padres del siglo XXI. De hecho, se encarga de retratar el alma de los niños y los descuidos ocasionales en el corazón de los padres. Es por ello que son retratos del alma y descuidos del corazón.

> *La voz de los niños es un eco sonoro en otras silente que nos recuerda lo que fuimos y lo que hemos perdido al dejar de cultivar nuestro niño interior.*

Ser padres no representa una tarea fácil. Lamentablemente, como se ha señalado en innumerables ocasiones los niños no vienen con un manual de instrucciones que nos indiquen cuál es la manera correcta de intervenir con ellos. Sin embargo, debemos entender que para los niños tampoco es fácil serlo ya que de acuerdo con los diferentes factores que inciden en el panorama familiar y/o social, los niños se verán afectados positiva o negativamente por dichos factores. Este libro nos ayuda a tomar en consideración y quizás hasta recordar que el proceso de aprendizaje y crecimiento es arduo para los niños y que no se ve desde la misma óptica desde adentro que desde afuera. Resulta necesario entonces que, como padres, se pueda mostrar la empatía suficiente hacia los niños para entender que quizás para lo

> *Si ya sabes lo que tienes que hacer y no lo haces entonces estás peor que antes.*
> *Confucio*

que uno es una nimiedad para ellos resulta algo realmente extremo y complejo. Es necesario aprender a ponerse en sus zapatos y ver las cosas desde su punto de vista.

¿Acaso eso no es lo que se les pide a los demás que hagan con uno? ¿Saben por qué no lo hacen? Porque quizás cuando tenemos la función de padres no se lo enseñamos a los niños al no ponernos en sus zapatos y, por ende, cuando estos niños se convierten en adultos no lo ejecutan de igual manera con sus pares. Entonces se convierte en un círculo vicioso del cual todos somos cómplices, pero que en algún punto podemos modificar si estamos dispuestos a cambiar lo que hemos aprendido y, por consiguiente, hacerlo mejor. Este libro tiene precisamente esa intención de ayudarte a entender cómo funcionan los niños desde su óptica, a recordar cómo funcionábamos y qué era precisamente lo que añorábamos. Tiene la intención de brindarte las herramientas o más bien transmitir las peticiones de los niños en herramientas sencillas que sean aplicables para criar mejor. ¿Estás dispuesto a intentarlo? ¿Qué puedes perder? Si lo piensas con detenimiento, en realidad, nada tienes que perder y sí podrías ganar mucho, comenzando por una mejor relación con tu hijo o hija y por ende, un disfrute más ameno de la interacción familiar. Un disfrute de tu vida día a día, quizás un poco de tranquilidad dentro del componente familiar, quizás hasta alegría al ver las ocurrencias de tu hijo o hija y disfrutarlas al no estar abrumado por todo lo que acontece en relación a este. ¿Te das cuenta? Quizás con unos pequeños ajustes obtendrás grandes logros, pero para ello deberás comprometerte con tu niño y contigo a hacerlo mejor.

Si buscas resultados distintos, no hagas siempre lo mismo.
Albert Einstein

La mente detrás del libro

Hola a todos: Soy María del Mar y si se preguntan si al momento de escribir este libro soy madre, pues la verdad, no. No pretendo engañarlos. ¿Deseo ser madre? ¡Definitivamente! Cómo será del dicho al hecho…pues no lo sé en términos de cómo habré de poner en práctica lo que he ido aprendiendo. ¿Por qué decidí escribir este libro si aún no soy madre? Porque deseo serlo y porque los niños me han enseñado muchas cosas que estoy segura que me serán muy útiles para cuando decida serlo y entiendo que de la misma manera que me pueden ayudar a mí, también les pueden ser útiles a ustedes. Es buscar el cómo ejecutarlo de la manera más adecuada posible para los niños. He escuchado tantas situaciones en terapia y estoy segura que seguiré escuchando muchísimas más. He aprendido tanto al hacerlo, quizás mucho más de lo que pude aprender en la academia que me dio la base. Por lo que he aprendido, lo que he visto y escuchado, reconozco que ser padre o madre no es fácil y traer un niño al mundo en este siglo es una verdadera proeza.

Dicho esto, quiero dejar claro que ser psicólogos no nos hace expertos en el tema y ser padres tampoco. Realmente lo que sí somos es conocedores del mismo y transmisores de un mensaje y unas prácticas que podrían ser adecuadas para esa sana convivencia.

Al escribir este libro deseo llevar un mensaje, no el mío, sino el de los niños que he atendido a través del tiempo. Un mensaje constante llevado y dicho de tantas maneras diferentes, pero con un dramatismo impresionante y, en ocasiones, con una fuerza desgarradora. Es mi intención, al escribir este libro, aportar un granito de arena a esa sociedad en la cual tengo tanta fe de que pueda mejorar. Deseo dejarles saber a esos padres a los cuales no tengo acceso, que definitivamente el mejor regalo que le pueden dar a sus hijos es su tiempo, su compañía, son ustedes. Que los niños los necesitan tanto, no sus regalos, sino a ustedes. Que es cierto, ustedes les dan alimento, albergue, cobijo, ropa, educación y eso es sumamente importante; pero no tanto como lo son ustedes mismos. Les aseguro que si lo hacen podrán observar grandes cambios que a la larga nos ayudarán a todos. Estoy segura que las palabras y enseñanzas de todos esos niños que he atendido me ayudarán a mí en la difícil, pero gratificante faena de ser madre.

Recuerden, este libro tiene la intención de presentarles la perspectiva del niño y por tal motivo, es un niño quien lo narra. Averigüen la edad que podría tener, si tiene hermanos o si es único hijo. ¿Con quién vive y con quién habla?

Entre Ustedes y Yo

Antes de empezar

Papá, mamá: recuerden que no todos los niños somos iguales por lo que aquí les sugiero no necesariamente nos va a aplicar a todos por igual. Esto se los digo porque si quieren compartir esta información con el vecino, o sea, padre de mis amiguitos o con algún compañero suyo del trabajo, resulta importante que les dejen saber que no necesariamente porque a ustedes les funcionen estas recomendaciones significa que a ellos también les van a funcionar. Recuerden que estas recomendaciones pueden ser aplicables por todos ustedes a todos nosotros, pero no necesariamente todas van a tener el mismo efecto exitoso en todos nosotros. Va a depender de cómo ustedes lo hagan y de cómo nosotros reaccionemos, del entorno en el que nos encontremos, de lo que ustedes hayan aportado en los genes y demás circunstancias. Es por esto que aunque yo sugiera estas técnicas y funcionen conmigo, quizás no obtengan el mismo resultado en mi hermanita, por ejemplo.

Recuerda, somos diferentes y nuestras circunstancias son diferentes. Toma este grupo de recomendaciones y técnicas como una guía a seguir y añádele a tu libreta de vida aquellas que a ti también se te ocurran. Espero te sean útiles porque la verdad es lo que necesito. Recuerda, procura hacer de nuestro (el tuyo y el mío) caminar por la vida uno placentero. No es fácil ser papá ni mamá, pero tampoco lo es ser hijo. Yo aprendo de ti y tu aprendes de mí. ¿Qué te parece?

Capítulo **1**

Háblame claro

Habla conmigo abiertamente acerca de las cosas que te ocurren, las cuales de alguna manera me impactarán a nivel secundario. Déjame saber de una manera sencilla de acuerdo con mi edad, pero por favor, tómame en cuenta porque en muchas ocasiones pienso que no me tomas en cuenta. Un ejemplo clásico de esto puede ser cuando papá y tú deciden divorciarse. Ustedes quizás entiendan que no resulta necesario ofrecerme una explicación ya que el evento lo toman como una situación de adultos que yo no entenderé. ¿Sabes qué? Se equivocan, sí puedo entender y más importante aún necesito saber, para así estar un tanto más tranquilo, por lo menos, saber a qué me voy a enfrentar. ¿Qué es lo que quiero ante una situación como esa? Que hables conmigo, que me prepares y que no me entere cuando vea a papá sacando las maletas de la casa, por ejemplo. Déjame saber lo que está sucediendo de una forma sencilla. Dile a papá que junto a ti, hable conmigo y díganme qué va a suceder y qué puedo esperar de ustedes. Si lo haces así, quizás lograré tranquilizarme un poco y podré entender algo básico: que no es mi culpa lo que está sucediendo, sino que ustedes entendieron que no podían continuar juntos para el bienestar de todos en la familia. Es importante estar informado para un mejor manejo de la situación.

Recuerda: No es necesario que me des una explicación tan detallada.

Si hablas con el corazón tus niños te escucharán mejor.

Recuerda: Mi nivel de atención es corto así que háblame claro, preciso y conciso. De acuerdo con mi edad.

Recuerda que resulta importante que me brindes información. Sin embargo, te advierto que no tiene que ser toda la información y mucho menos con lujo de detalles. Solo aquellas circunstancias en las que de alguna manera u otra me puedan impactar a nivel secundario. Definitivamente hay cosas que te puedes reservar como por ejemplo: que tienes muchos problemas con papá o mamá porque este/a es un/a irresponsable. Eso no es necesario que lo compartas conmigo en son de queja ya que no promovería una relación adecuada. Esa información compártela con amistades de confianza con las que puedas desahogarte. Puedes compartir conmigo por ejemplo, si te vas a mudar o si nos vamos a mudar, si viene un familiar a quedarse en la casa, si me vas a cambiar de escuela, entre otras.

Por favor, háblame claro, preciso y conciso, no te andes con rodeos para decirme algo. ¡Mientras más te tardas, más me desespero! ¡Para mí lo más divertido es jugar y tú robándome mi tiempo y dándome lata! Recuerda que es probable que mi periodo de atención sea corto, bien corto algo así como cinco minutos. Existen tantas cosas nuevas e interesantes a mi alrededor y yo lo quiero ver todo, tantos colores, tantas formas que me parecen tan llamativas. Es probable que me distraiga un poco mientras me hablas, por eso necesito que seas preciso en lo que quieres explicarme o lo que deseas que haga.

Recuerda: Utiliza las palabras correctas y evita los diminutivos.

Recuerda hablarme de acuerdo con mi edad, pero no con la voz así como chiquitita con cuarenta diminutivos. No se trata de eso, sino que me hables en términos sencillos que yo pueda entender. No es necesario que me digas que no me puedes comprar el juguete porque tienes cuarenta deudas que pagar, te pagan poco en el trabajo y para colmo te recortaron horas y que mi papá no te pasa la pensión a tiempo y además como sigue subiendo la gasolina el dinero no te da. No, no es necesario toda esa tremenda explicación que ya hasta de pensarlo me cansé. Dime mejor que tenemos poco dinero y que se va a utilizar para pagar alimentos. Listo, no es necesario nada más. ¡Claro que si te preguntara algo más me

Recuerda: Si viven juntos, procuren explicarme entre ambos así sabré que están de acuerdo en lo que me dicen.

puedes contestar ese algo más, pero nuevamente ve al grano!

¡Ah! y por favor, lo de los diminutivos y las palabras incorrectas que sustituyen otras palabras, si lo incluyes en tu vocabulario para hablarme podría tener consecuencias negativas para mí. ¿Quieres saber? Pues es simple, si me hablas claro y con corrección yo aprenderé a hablar claro y con corrección y eso podría ayudarme en mi defensa más adelante o quizás hasta salvarme la vida. Me explico, imagínate que tengo una amiguita de seis años que ha sido tocada en sus partes privadas por un familiar. Se encuentra en el proceso de juicio contra el que lo hizo y cuando la juez le pregunta con mucha calma y tranquilidad lo que le ha sucedido, ella indica que el esposo de su tía le tocó el tostón. "¿Qué?", dice la juez. Y ella contesta "el tostón". "¿Cómo que el tostón? ¿Acaso eso no es lo que se come?", dice la juez. "No, esto", señalando a su área genital, dice la niña. "¿La vulva?" "¡Sí, eso!" Ves, eso es lo que puede pasar cuando me enseñas las palabras incorrectas para nombrar las cosas y después podrían no entenderme. Así que, por favor, háblame claro y con corrección, de tal manera que si yo necesito defenderme o hacerme entender, cualquier otro ajeno a nuestro núcleo me pueda entender.

Recuerda: Procuren no quejarse de ustedes delante de mí. No necesito saber lo que papá o mamá dejó de hacer o no hace bien en relación a ti.

Háblame claro, no es bueno que te lo calles porque de hacerlo así es precisamente lo que yo aprenderé, a callar. Nuevamente, recuerda que no significa que debas decírmelo todo con lujo de detalles, horas y fechas. Dame una información general para yo entender la situación que enfrentamos, pero como te dije: cortito, ya que esto no es una oratoria, ni nada por el estilo. Esto más bien será una conversación entre tú y yo en la cual yo habré de escucharte,

Recuerda: Mi opinión no necesariamente es igual a la tuya, pero resulta igualmente válida.

pero de igual manera, tal vez necesite que me escuches acerca de lo que opino sobre la situación. Es importante que también puedas conocer mi punto de vista, el cual no necesariamente será igual al tuyo. Posiblemente, puedas obtener ideas interesantes o tal vez una visión no considerada sobre el asunto.

Puntos importantes

1. Déjame saber lo que está sucediendo de una forma sencilla.
2. No tiene que ser toda la información y mucho menos con lujo de detalles.
3. Háblame claro, preciso y conciso, evita los rodeos para decirme algo.
4. Recuerda que es probable que mi periodo de atención sea corto, ¡bien corto!
5. Háblame de acuerdo con mi edad, pero con corrección.
6. Será una conversación entre tú y yo en la cual yo habré de escucharte, pero de igual manera tal vez necesite que me escuches acerca de lo que opino sobre la situación.

Posibles beneficios

1. Confianza
2. Seguridad emocional
3. Prevención
4. Entendimiento
5. Mejores relaciones interpersonales

Capítulo **2**

Busca el momento para hablar

¿Cómo es eso de buscar el momento para hablar y a qué me refiero? No cualquier momento es el más adecuado o chévere para que tengas una conversación conmigo. Definitivamente hay momentos y hay momentos. No sé si te has dado cuenta que en ocasiones deseas hablar conmigo precisamente cuando estoy viendo mi programa favorito o quizás cuando estoy en un punto importante de la última edición de mi juego de vídeo favorito.

Hay ocasiones en que, a lo mejor, deseas hablar conmigo de temas de sumo interés cuando estoy comiendo o acabo de llegar de la escuela. Suena un tanto complicado, ¿verdad? Parecería que nunca es el momento idóneo, pero en realidad siempre habrá un momento adecuado. Solo evalúa que en el momento que deseas hablar conmigo no vaya en contra de mis necesidades básicas como lo son: comer, dormir o divertirme. Quizás puedas hasta preguntarme cuál sería el mejor momento para hablar conmigo ya que a ti te interesa que podamos discutir un tema que entiendes debe ser importante para ambos.

Recuerda: Procura que al momento de hablar conmigo, mis necesidades básicas como: comer, dormir y divertirme no se vean afectadas.

Si me preguntas me estarías dando la oportunidad de elegir y evaluar el momento adecuado. Además, me estarías brindando la confianza suficiente para esperar que yo te busque y que no pase por alto tu pedido. Se convertiría en un proceso de intercambio en el que tú das la oportunidad, pero yo soy fiel a la misma y cumplo mi promesa de sentarme a hablar en el momento establecido. Si no lo deseas hacer así porque te sientes incómodo, no existe ningún problema. Como te dije, por favor, solo identifica un momento en el que mis necesidades principales no se vean afectadas. De esta forma te aseguras que realmente pueda prestarte la atención adecuada y además muestre el interés deseado en el tema de conversación.

Puntos importantes

1. Identifica el momento más adecuado para que tengas una conversación conmigo.
2. Evita hablar conmigo de temas de sumo interés cuando estoy comiendo o acabo de llegar de la escuela.
3. Evalúa que en el momento que deseas hablar no vaya en contraposición de mis necesidades básicas como lo son: comer, dormir o divertirme.
4. Quizás puedas hasta preguntarme cuál sería el mejor momento para hablar conmigo ya que a ti te interesa que podamos discutir un tema importante para ambos.

Posibles beneficios

1. Reconoces mis necesidades.
2. Me enseñas a ser recíproco.
3. Me permites elegir.
4. Me demuestras confianza.

Capítulo **3**

Escúchame

¿Sabes que me encantaría poder hablar contigo y contarte lo que pienso, mis cosas, mis preocupaciones? Recuerda que aunque soy chiquito yo también tengo preocupaciones, quizás no tan grandes como las tuyas, pero las tengo. ¿No te has dado cuenta que a veces me quedo con las cosas y no te las cuento? ¿Te has puesto a pensar si es que me siento un tanto intimidado por ti? Extraño, pero podría ser así. Te explico, me puedo sentir intimidado o no entendido por ti si pienso o me ha sucedido que te cuente algo y tú me digas: pero muchacho si no es para tanto, eso es una tontería, existen cosas más graves. Si haces eso definitivamente has maltratado mis sentimientos sin darte cuenta. Lo que realmente necesito es que valides mis sentimientos desde mi perspectiva, no desde la tuya. En pocas palabras, que te pongas en mi lugar. Quizás para ti resulta una tontería, pero para mí resulta algo verdaderamente importante. Pues entonces entiéndelo así y entiéndeme.

Recuerda: Reconoce mis sentimientos.

Quizás yo no me atreva a contarte mis situaciones porque piense que no pueda sentarme contigo a hablar ya que haya percibido que para ti no tenga importancia. Se puede traducir en si me escuchas con atención o no, quizás porque perciba que no tienes tiempo ya que a lo mejor cada vez que me acerco a ti me señalas que ahora no, que después hablamos. Quizás sea algo tan sencillo como que no me preguntes acerca de: ¿Cómo me siento? ¿Qué siento? ¿Qué me preocupa? ¿Qué me gusta o disgusta?

Recuerda: Interésate por saber lo que siento y lo que me preocupa.

Si me dices que después hablamos, toma en consideración que yo estaré esperando ese "después" por lo que tu palabra estará en juego en ese instante y dependerá de lo que hagas. Es normal que quizás estés realizando alguna tarea y desees terminarla para luego atenderme, pero por favor, toma el mismo interés que tenías en la tarea para recordarte que me dijiste que hablarías conmigo luego. Por favor, que esta situación no se convierta en la norma. Si cada vez que yo desee hablar contigo tú me contestas: "ahora no puedo", lo que me estarías enseñando es que precisamente todo lo que haces puede tener mayor importancia que compartir conmigo. Entonces quizás todo lo que necesito es algo como ello, que te sientes conmigo a escucharme con interés.

Ahora bien, escucharme con interés no significa que continúes frente a la computadora mirándola y a la vez me digas: "dime, puedes hablarme porque te estoy escuchando". Quizás me oyes, pero es muy probable que no me estés prestando la atención necesaria para sentirme en la confianza y con la importancia adecuada para comunicarte la situación.

Recuerda: Si me dices que hablarás conmigo luego, por favor cumple tu promesa y hazlo.

Además, ¿sabes qué es lo peor?, que la mayoría de las veces que me dices tú a mí, "¡hey!, te estoy hablando, mírame a los ojos cuando te hable", significaría que tú exiges algo que no puedes dar o que quizás no estás dispuesto a dar. Recuerda que para el buen funcionamiento de nuestra relación debe haber un intercambio balanceado. Además, no deseas realizar una prédica incorrecta de la moral y los valores ya que provocarías en mí algo así como un corto circuito emocional al llevar mensajes y ejecutar acciones incompatibles.

Por otro lado, ¿has considerado las consecuencias que podrían tener el que no te sientes a hablar conmigo o más bien el que no me escuches acerca de lo que me preocupa? Quizás algo muy importante que puede ser en detrimento de mi vida: miedo a expresarme, a decir lo que siento o necesito. Entonces puedo desarrollarme como una persona insegura, temerosa y quizás hasta vulnerable ante los demás. Así que, ¿qué te parece si me enseñas todo lo contrario desde ahora? Solo háblame y escúchame. Con ello promoverás en mí un sentido de seguridad y confianza; y además, lograrás una mejor relación conmigo y, por ende, que me encuentre en una mejor disposición a realizar lo que me propongas.

Recuerda que de ti depende que las personas que tengo a mi alrededor o quizás hasta tú mismo no se quejen de que no comparto mis sentimientos y que nunca me escuchan. ¿Sabes cuándo es más habitual una situación como esa? Cuando decida enamorarme y tener una pareja que probablemente me diga algo así como que yo nunca le hablo ni le cuento mis cosas o que no le expreso abiertamente mis sentimientos. Que siempre estoy encerrándome en mí mismo y mis propios pensamientos. Quizás sea hasta peor. Imagina que mis hijos quizás no tengan el mismo nivel de paciencia o quizás yo termine repitiendo el patrón de comportamiento que tú me enseñaste, ese en el que me vuelvo inaccesible y no los escucho. Entonces será una marca que se transmitiría de generación en generación, como los genes dominantes y recesivos. Eso me lo explicó mi primo mayor hablándome de su clase y de los genes. Creo que el comportamiento de la comunicación inadecuada es el que ha quedado como una marca dominante, como los genes. ¿Qué marca deseas dejar?

Puntos importantes

1. Valida mis sentimientos desde mi perspectiva, no desde la tuya.
2. Escúchame con atención cuando te hable.
3. Pregúntame: ¿Cómo me siento?, ¿Qué siento?, ¿Qué me preocupa?, ¿Qué me gusta o disgusta?
4. Si me dices que después hablamos toma en consideración que yo estaré esperando ese después.
5. Sé recíproco y actúa como esperarías que yo actuara.

Posibles beneficios

1. Promoverás en mí un sentido de seguridad y confianza.
2. Lograrás una mejor relación conmigo.
3. Estaré en una mejor disposición a realizar lo que me propongas.
4. Aprendo a compartir mis sentimientos contigo y los demás.
5. Conoces lo que me sucede.
6. Promueves la prevención de riesgos sobre mi persona.

Capítulo 4

Conoce mis sentimientos

Para mí es muy importante que te intereses por mí. No tan solo si comí o hice las asignaciones, sino también cómo me siento, lo que me sucede, si acaso ha habido algo que haya afectado negativamente en mi ejecutoria en algún momento. Mira lo que le pasó a uno de mis amigos: él me dijo que su papá lo regaña y amenaza cuando tiene las notas bajas, pero nunca se ha sentado con él a preguntarle si le pasa algo o cómo se está sintiendo.

Recuerda: Háblame acerca de los sentimientos y dame diferentes ejemplos para que yo los pueda identificar de manera adecuada.

¿Sabes lo que piensa mi amigo? Que a su papá le importan más las notas que obtenga que los sentimientos que experimenta, o sea, le importan más las notas que él. ¡Eso es bien triste y a la larga lo que le puede ocasionar es una depresión! No pongas esa cara de sorprendido e incrédulo. Sí, es posible que se pueda deprimir. Recuerda que nosotros al igual que ustedes experimentamos estados de ánimo, solo que en ocasiones los podemos manifestar de otra manera. El interés que tú puedas demostrar por conocer y entender mis sentimientos puede incidir en esa sensación de soledad o, por el contrario, el sentido de pertenencia que pueda desarrollar en torno a la familia. No es lo mismo nacer en una familia que sentirte parte de ella, porque simplemente los que te rodean se interesan en los aspectos más básicos del ser humano como nuestros sentimientos. Sé que me entendiste, pero por si acaso más fácil: interésate por mis sentimientos.

Es muy importante que desde temprana edad me hables acerca de los sentimientos. Siéntate conmigo y ve explicándomelos poco a poco. Menciónecome cuáles son y ofréceme ejemplos. Dame ejemplos acerca de cómo te sentiste tú ante determinada situación y qué fue lo que hiciste. También cuando observes alguno de esos sentimientos en mí, ayúdame a identificarlo y expresarlo de una manera más fluida y en confianza. Por favor, no me vayas a decir algo como: "¡muchacho, no tienes por qué sentirte así, no es para tanto!" Recuerda lo que te mencionara en un capítulo anterior, si lo haces me enseñarías a entender que no vale la pena que comparta mis sentimientos contigo ya que tú no puedes entender y/o aceptar cómo me siento.

Escúchame. Trata de ver las cosas desde mi perspectiva, no desde mi altura, sino de que para mí, lo que es algo realmente importante no será igual que para ti. Entiende que aún así importa y me hace sentir de determinada manera ya que mi mundo y el tuyo no son iguales, pero son igual de importantes. A lo mejor para ti es algo grave no tener dinero para pagar la casa, mientras para mí lo puede ser el que una amiguita de la escuela me haya dejado de hablar. Si me dices algo como: "olvídate, no te preocupes si tienes más amiguitos para jugar". Definitivamente no estarías entendiendo que para mí eso representa una pérdida. Quizás es cierto que tengo más amiguitos para jugar, pero no tener a esa amiga me duele en ese instante y lo mejor que tú puedes hacer es validar mis sentimientos, reconocer su importancia y ofrecerme consuelo. Para mí serías lo máximo.

Recuerda: ¡Mi mundo y el tuyo no son iguales, pero son igual de importantes!

Recuerda, entonces, entender mis sentimientos desde mi perspectiva, no desde la tuya. Entender aquellas cosas que me preocupan o que me abruman y estar dispuesto a escuchar cuando mi estado de ánimo se encuentre debilitado por algún factor externo. Si me escuchas con atención y una gran apertura mental podrás entender mis sentimientos y sobre todo entenderme. Si lograras entenderme o, por lo menos, lo intentaras, estarías promoviendo una relación mucho más saludable entre nosotros. Además, estarías sentando las bases sólidas en términos de mis relaciones interpersonales y su eficacia.

Puede haber ocasiones en las que a mí se me haga un tanto difícil expresar con palabras lo que estoy sintiendo y tan solo lo expreso con el movimiento de mi rostro o mi cuerpo. Si esto sucede, no te enfades conmigo tan solo aprovecha la oportunidad para educarme y dejarme saber que entiendes lo que puedo estar sintiendo. Por ejemplo, si me ves con el ceño fruncido y los brazos cruzados al haberte pedido una galleta y no dármela, identifica mi sentimiento y déjame saber el motivo de dicho sentimiento. Dime algo como: "te sientes enojado porque no te puedes comer la galleta en este momento, es normal sentirte así". No digas nada más ya que en ese sentido me ayudas a ponerle un nombre al sentimiento y a ser específico con el motivo o la situación, no necesariamente con la persona. Me explico, puedo estar enojado por no tener la galleta, que es la situación, o con la persona, tú, por no dármela. Sin embargo, al decírmelo y reflejar mi sentimiento me enfocas hacia la situación lo cual es mucho más saludable que dirigir el coraje hacia la persona. De esta manera, voy aprendiendo que puedo sentir y expresar mis sentimientos de una forma más adecuada. Parece fácil, pero la verdad no lo es. Poco a poco vamos aprendiendo. Aprendemos juntos, el uno del otro. Recuerda además, que mientras va pasando el tiempo y mediante la atención que prestas vas conociendo mis sentimientos, mientras, yo aprendo a manejarlos. Conoce mis sentimientos, es importante para mí.

Puntos importantes

1. Para mí es muy necesario que te intereses por mí, pero no tan solo si comí o hice las asignaciones sino también cómo me siento.
2. El interés que puedas demostrar por conocer y entender mis sentimientos puede incidir en esa sensación de soledad o, por el contrario, el sentido de pertenencia que pueda desarrollar entorno a la familia.
3. Siéntate conmigo y ve explicándome los sentimientos poco a poco.
4. Dame ejemplos acerca de cómo te sentiste tú ante determinada situación.
5. Escúchame, trata de ver las cosas desde mi perspectiva.
6. Identifica cuando refleje algún sentimiento a través de mi lenguaje corporal y déjamelo saber.
7. Reenfoca mis sentimientos hacia la acción que ejecuta la persona y no hacia la persona.

Posibles beneficios

1. Sabes mejor cómo puedes ayudarme.
2. Quizás podrías entender mis motivos para manejar la situación de una manera adecuada.
3. Aprenderías acerca de quién soy.
4. Me permites poner nombre a lo que siento.
5. Me enseñas a enfocarme en la situación y no en la persona.
6. Promueves un manejo adecuado de mis sentimientos.
7. Sabré que estás dispuesto a escucharme y que te importo.

Capítulo **5**

Prevención

Podrías salvarme la vida de diferentes maneras, pero sobre todo si me enseñas a prevenir y manejar incidentes. Por ejemplo, si me explicas cuáles son las condiciones de salud que tengo y lo que debo hacer para cuidarme en relación con esa condición. Esto incluye si necesito medicamentos o algo por el estilo. De esta forma si algo me sucediera en la calle podría decirle a la persona que me esté ayudando. De igual manera cuáles son las medidas básicas para el aseo de mi cuerpo y poder mantenerlo en buen estado, enseñándome además, que es el único que tengo, por lo cual si algo grave pasara podría afectar mi vida.

Además, resulta necesario que me eduques acerca de la protección de mi cuerpo en términos de la relación con otros. Edúcame acerca de que mi cuerpo es mío y nadie puede tocarlo, excepto quizás en situaciones médicas, claro está y cuando es de una manera amorosa adecuada. Esto es de suma importancia ya que como entenderás existen una serie de lobos vestidos de oveja en la calle y en la familia, entiéndase depredadores sexuales o pederastas. Sí, no te quedes así como asombrado, dije depredadores sexuales en la familia, los hay y resulta en una situación mucho más común de lo que tú puedes pensar. La mayoría de los niños abusados sexualmente conocen a la persona. Es por esto que necesito que me ayudes y me enseñes cómo protegerme. Los depredadores sexuales en la familia pueden estar representados por cualquier integrante de esta, entiéndase hermanos mayores, padres, padrastros, madres, madrastras, tíos/as, abuelos/as y amigos cercanos de esta, entre otros. Mientras que en la calle puede ser de igual manera cualquier persona como un vecino, amigo de la familia, maestro, cuidador, instructor

Recuerda: Explícame mis condiciones de salud y lo que necesito para ayudarme.

deportivo, realmente cualquiera. Lo que quiero decirte con esto es que es de suma importancia la prevención porque realmente me puede salvar la vida. ¿Y cómo logras esa prevención? Pues como te pedí en el primer capítulo: hablándome claro.

Ahora bien, para trabajar esta parte de la prevención resulta de gran ayuda que empieces por enseñarme las partes de mi cuerpo. Enséñame además, que mi cuerpo

Recuerda: existen grandes probabilidades de que si uno de nosotros es abusado sexualmente conozcamos al agresor.

es absolutamente mío por lo cual nadie tiene derecho a tocarlo, nadie y eso los debe incluir a ustedes, mis padres. Claro, cuando me refiero a tocarlo lo digo de alguna manera que yo entienda que es incorrecta o me sea incómodo. Por ejemplo, el que me toquen en el área genital o las tetillas o el que algún familiar o extraño quiera darme un abrazo donde roce su cuerpo con el mío como si estuviera frotándose conmigo. Es importante diferenciar entonces qué puede ser lo adecuado y/o aceptado de aquello que pueda resultar incorrecto. De esta manera yo tendré una idea más clara al momento de evaluar y ante la necesidad de defenderme. Resulta también importante que tomes en consideración enseñarme además cómo puedo defenderme ante la situación de que alguien realice alguno de estos comportamientos hacia mi persona. Explícame que podría gritar o salir corriendo y pedir ayuda a algún otro adulto de confianza. Indícame además, que es sumamente importante que te cuente inmediatamente lo que me pasó para que tú puedas tomar acción y protegerme.

Enséñame también, lo qué debo hacer si un extraño me ofrece un dulce o un regalo, me ofrece llevarme a alguna parte, si me dice que tú le dijiste que me fuera con él. ¿Cuál sería una clave adecuada para saber que es cierto en caso de emergencia? Déjame saber lo que debo hacer si una persona me dice que quiere compartir un secreto conmigo o que les hará daño a ustedes si yo se los digo o les comento algo de lo que éste me dijo, también si desea mostrarme sus partes privadas.

Es importante además, que al momento de dejarte saber lo que me sucedió trates de mantener la calma. Sé que te estoy pidiendo algo sumamente difícil, pero es imprescindible que así lo hagas ya que eso me permitirá sentirme más confiado y cómodo para contarte la situación. Pídeme que te cuente con calma lo que sucedió y no me hostigues con 20 preguntas a la vez. Permíteme que yo te vaya contando poco a poco y tampoco te adelantes a lo que yo te esté diciendo. Escúchame, para mí eso es lo más importante aunque para ti lo sea si me pasó algo o no. Luego de darme consuelo o abrigarme, lleva a cabo todos los pasos pertinentes como dar parte a la policía, llevarme al pediatra para una evaluación completa. Notifícalo al Departamento de la Familia o Servicios Sociales y de ser necesario, busca ayuda con un profesional de salud mental.

Por otro lado, recuerda enseñarme las cosas básicas: como mi nombre completo, dirección y números de teléfono donde pueda conseguirlos. ¡Así, si algún día por error tuyo, claro está, me perdiera, o más bien tú te perdieras, podrían localizarte sin problema!

Te digo estas cosas porque se las han enseñado a mi amiguito y él me las ha enseñado a mí, pero realmente me gustaría que tú me las enseñaras.

Puntos importantes

1. Enséñame las cosas básicas como mi nombre completo, dirección y números de teléfono donde conseguirlos.
2. Podría salvarme la vida si me explicas cuáles son las condiciones de salud que tengo y lo que debo hacer para cuidarme.
3. Enséñame las medidas básicas para el aseo de mi cuerpo y poder mantenerlo en buen estado.
4. Es necesario que me eduques acerca de la protección de mi cuerpo en términos de la relación con otros.
5. Enséñame cómo puedo defenderme ante la situación de que alguien incurra en algún comportamiento indebido hacia mi persona.
6. Déjame saber lo que debo hacer en relación con personas extrañas.
7. Si te cuento algo delicado, mantén la calma, escúchame, consuélame y actúa.

Posibles beneficios

1. Soy más independiente y responsable de mi persona.
2. Te doy menos trabajo.
3. Más seguridad física y emocional.
4. Me ayudas a hacerme más cuidadoso.
5. Reduces las posibilidades de que me convierta en víctima de abuso sexual.
6. Tienes la oportunidad de enseñarme tú las diferentes cosas y no que me las enseñe alguien por ahí.

Capítulo **6**

¿A quién imito y qué imito?

Discutamos sobre lo que imito de las situaciones y los comportamientos que observo. Presta mucha atención ya que es sumamente importante y esto puede cambiar por completo la forma de relacionarnos. Constantemente estoy observando todo lo que haces o lo que no haces. Mediante la observación, me hago una idea acerca de la ejecución de los diversos comportamientos sirviendo así como una guía a seguir. Eso implica que soy un observador constante y adivina quién es el observado, pues tú. Es algo así como si yo fuera un zoólogo que observara el comportamiento animal para entenderlo mejor o quizás como un científico que evaluara la interacción entre las especies.

Si actúas según dices es probable que tus hijos te presten mayor atención.

En términos de comportamiento, la primera persona de la cual aprendo es de ti al ser tú quien me cuida. Luego, puedo adquirir el aprendizaje de las personas que me acompañan, sean hermanos o abuelos y cualquier cuidador secundario, si es que te vas a trabajar y me dejas cuidando con alguien. La pregunta importante sería: ¿Qué voy a aprender? Todo lo bueno y lo malo. Claro que a medida que vaya pasando el tiempo iré evidentemente filtrando comportamientos y eligiendo aquellos que me sean más favorables a mí no a ti. Principalmente los he de aprender de ti. ¿Qué he de observar? Específicamente la manera mediante la cual respondes a las situaciones que enfrentas. Además, observo la forma en la que te comunicas con los demás

Recuerda: Estás siendo constantemente observado por mí.

Yo sigo lo que tú haces, no lo que tú me dices.

sobre dichas situaciones, las consecuencias de tus intervenciones sean estas positivas o negativas, además de tus valores y prioridades establecidas. Ahora bien, es importante que tomes en consideración lo que me enseñas de manera directa o indirecta porque sin darte cuenta podría imitar lo que hagas. Entonces, imitaré también tu rechazo o tu reacción adversa ante ciertas situaciones. Quizás, me convertiré en un espejo de tus propios comportamientos así que por favor, antes de regañarme porque haga algo con lo que no estés de acuerdo, pregúntate si acaso no fue eso lo que me enseñaste.

Recuerda entonces que mediante la observación constante de ti, yo podría adquirir nuevos comportamientos. Entre estos comportamientos se pueden incluir: el manejo de situaciones difíciles o la reacción emocional que he de presentar ante las mismas, el autocuidado y el proceso de interacción social. Sobre este particular podemos señalar si me convierto en un ser social o por el contrario desarrollo sentimientos tales como: odio, miedo o inseguridad ante las relaciones sociales. Al observarte determino los comportamientos que puedo adquirir o dejar de lado. Esto sucede al observar ya sean consecuencias positivas o negativas que tú adquieres al realizar un comportamiento particular. Al yo observar que tú ejecutas una acción y no recibes ninguna consecuencia pues puedo pensar que yo tampoco recibiré ninguna. También a través de la observación de lo que haces podría adquirir el interés por las tareas o ejecuciones que realizas en determinadas situaciones.

Recuerda que tú eres el centro de mi vida. Tú eres el modelo a seguir. Si estás bien y sabes manejar tus emociones entonces sabré cómo hacerlo, sino definitivamente me perderé igual que tú. Como te he mencionado, te estoy observando constantemente por lo cual observaré con sumo cuidado cómo expresas y manejas tus emociones.

Veamos un ejemplo, imagínate que estás tratando de armar algo y tratas y tratas y tratas y como no leíste las instrucciones no te sale, mentira…simplemente no te sale. De momento, en un arranque de ira y frustración no solo frunces el ceño, sino que lanzas lo que tienes en la mano en clara señal de impotencia. Sin embargo, yo me encontraba cerca y te he podido observar en dicha ejecutoria, pero tú no te diste cuenta o si lo has visto no le prestaste tanta atención porque tenías todas esas emociones un tanto negativas fluyendo a flor de piel. Claro, no existe ningún problema en que las experimentes. La dificultad radica en cómo manejas las emociones y, por ende, cómo me enseñas a mí a manejarlas.

> *Entiende que lo que para ti resulta en una tontería, quizás para tu hijo no lo sea. Aprende a mostrar empatía y le enseñarás a tenerla con otros.*

Ahora bien, imagínate que estamos estudiando de la clase de matemáticas y me estás ayudando a realizar unos ejercicios que no puedo entender. De repente en un arranque de frustración grito: "esto no me sale" y lanzo el libro fuera de la mesa. La pregunta importante aquí sería: ¿qué harías tú ante esta situación? Me regañas y me gritas diciéndome que no tengo porqué lanzar el libro, que lo voy a romper o te detienes un momento, recuerdas y piensas ¡ahhh! ...si me está imitando, no puedo regañarlo por algo que indirectamente le he enseñado a hacer. Entonces, ¿qué puedes hacer? Pues en realidad mucho, primero trata de entenderme, pregúntame: ¿a qué se debe que haya lanzado el libro y cómo me siento? Déjame saber que es normal sentir frustración, pero que es importante aprender a manejarla. Déjame saber que ambos podemos aprender. Luego pídeme que recoja el libro y que volvamos a intentarlo poco a poco. ¿Te das cuenta? No es tan difícil.

> *Recuerda: no existe ningún problema en que expreses tus emociones, la dificultad radica en cómo las manejas.*

¿Deseas otro ejemplo? Imagínate que papá, tú y yo estamos en la casa, pero de momento se formó una garata entre ustedes por una tontería. Para ustedes es algo serio, algo así como que mamá empieza a reclamarte a gritos que tú siempre vienes y dejas la bendita estufa sucia, que está harta de verla así y que se siente como la sirvienta del hogar. Mamá está gritando y tú vas, dices que no hay problema y limpias la estufa y yo pienso: ¡Listo! Eso significa que si pego un par de gritos la persona reaccionará haciendo exactamente lo que yo deseo. "Ummmmm" ...anotado queda en mi extraordinaria computadora, alias, mi cerebro. Lo tomaré en consideración para que una futura ocasión que yo desee algo haré exactamente lo mismo. Si dicha acción me funciona pues perfecto porque lo seguiré haciendo hasta el cansancio. Después de todo, tú me has enseñado que: ¿el fin justifica los medios, o no?

Debemos también tomar en consideración que cuando decides castigarme mediante el uso de violencia física o verbal estás haciendo uso de comportamiento agresivo. Este es un comportamiento que en esta ocasión fue aplicado y utilizado hacia mí. Sin embargo, en ocasiones futuras

Recuerda: Aprende a ponerte en mi lugar ya que tú no eres el único que experimenta emociones negativas.

yo habré de aplicar dicho comportamiento agresivo en circunstancias similares en las cuales no encuentre o entienda que no existe una forma razonable de manejar la situación. ¿Por qué? Tú me has enseñado que yo me someto a la obediencia de manera temporal mediante el uso de la violencia física o verbal, yo he de entender que puedo someter a la obediencia a los demás mediante el uso de la violencia igualmente física o verbal. Si tú me enseñas que logras que hagamos lo que tú deseas mediante golpes y gritos, entonces yo habré aprendido que puedo lograr que los demás hagan lo que yo deseo mediante el uso de golpes y gritos. O sea, que no te sorprendas, te enfades o te quejes si observas que decido resolver los problemas que tengo

Recuerda: No te quejes si me enseñas que las cosas se logran mediante golpes y gritos.

en la escuela con una amiguita a puro golpe. Tú me quieres, pero me das y me gritas, pues entonces aunque yo quiera a mi amiguita le puedo dar porque seguramente, si lo hago, ella hará lo que yo quiero. ¿Te parece lógico? A mí sí. De hecho, tú me lo enseñaste, qué tal si el aprendiz sobrepasa al maestro y no solo le doy a mi amiguita, sino que cuando yo desee resolver algún inconveniente contigo y no me sea posible, te pego un grito.

Nuevamente, no te sorprendas o molestes conmigo, más bien moléstate contigo porque muy probablemente esto es una consecuencia de tus actos. Es algo provocado por ti o quizás provocado por algún allegado tuyo del cual no te has percatado. Entonces, cuando veas que yo reacciono a través de un acto de violencia para resolver un conflicto, antes de tú reaccionar con un componente adicional de violencia, más bien cuestiónate: ¿qué has estado haciendo?, ¿de qué manera has influenciado en mi comportamiento?, ¿se ha convertido mi comportamiento en un reflejo del comportamiento que realizas hacia mí o hacia otros mientras yo te observo? Un ejemplo de esto podría ser, que me pidas que haga algo y yo te grite que voy ahora, que no me presiones. Esto lo he escuchado cuando se lo dices a mi mamá. Entonces tú me contestas gritando que no tengo que gritarte y que lo haga inmediatamente. Recuerda entonces que quizás mediante tu comportamiento vas escribiendo el libreto de mi vida, pero la pregunta sería: ¿cuál deseas escribir? ¿Deseas que sea uno que presente un adecuado manejo de las emociones y de las situaciones o que por el contrario muestre un acto de pobre control de impulsos y comportamiento inadecuado?

Así que, si determinas llevarme al psicólogo y este te pregunta qué sucede, por favor, no lo mires así como asombrado y le digas que tú no sabes de dónde sale mi comportamiento ya que no tienes ni la más mínima idea. Mejor acepta que cuando te diga que yo presento un pobre control de impulsos es probable que sea cierto; como lo será igualmente cierto que quizás no lo heredé de ti sino que más bien lo he imitado de ti ya que te he observado haciéndolo. Así que, si el psicólogo te pregunta, solo reflexiona, baja la cabeza y di firmemente fui yo. Y por favor, no pretendas que solo yo aplique lo que dice el psicólogo, sino que tú también comienza a aplicártelo para que puedas observar cambios significativos y favorables en nuestro componente familiar. Después de todo, ¿somos un equipo o no?

Puntos importantes

1. La primera persona de la cual aprendo es de ti al ser tú mi cuidador primario.
2. Aprendo lo "bueno" y lo "malo". Lo aprendo al observar cómo realizas los diferentes comportamientos y manejas tus emociones.
3. Es importante que seas consciente de lo que me enseñas de manera directa o indirecta.
4. Recuerda que con tu comportamiento tú me enseñas exactamente lo que tengo que hacer para yo lograr que tú hagas lo que yo quiero. Me enseñas a manipularte mejor.

Posibles beneficios

1. Una mejor relación familiar.
2. Promueves tu credibilidad.
3. Estaré más dispuesto a seguir un modelo que dice y hace aquello que predica.
4. Lograrás más control sobre la situación.
5. Descubrirás que no necesitarás hablar tanto para convencerme de hacer algo.
6. Aprenderé a manejar mis impulsos de una manera más eficaz.
7. Es probable que aprenda a respetar a los demás al ver que tú me respetas.
8. Si exhibes un comportamiento adecuado hacia los demás es probable que yo también exhiba un comportamiento similar.

Capítulo **7**

Tus estilos de comportamiento y sus influencias

No sé si te has dado cuenta, pero la manera en la que te comportas influye mucho en mí, porque tú eres mi principal modelo a seguir. Claro, como dicen por ahí de tal palo tal astilla…no fue mi intención que fruncieras el ceño, es solo un decir.

En ocasiones podrías comportarte un tanto agresivo mediante el uso de la violencia verbal, alzando la voz, señalándome y criticándome lo que en ocasiones podría ocasionarme miedo o nerviosismo. Podría pensar que este comportamiento parte principalmente de sentimientos que no han sido manejados correctamente como el coraje y la frustración. Proviene también de una posible necesidad de poder y control de ti sobre mí.

La violencia es el miedo a los ideales de los demás.
Mahatma Ghandi

Un padre agresivo puede gritarle a su niño, intimidarlo, ofenderlo verbalmente, incluso agredirlo físicamente ante una falta del manejo adecuado de sus emociones. Un ejemplo de esto puede ser lo que vi un día en el supermercado: una niña de tres años que se encontraba con su mamá y de momento la niña decide llamar la atención de la mamá diciendo un mamá alargado: "¡mamáááááááá!" Entonces la mamá le contesta con un tono de voz molesto, excesivamente elevado y frunciendo el ceño: "¡NO ME GRITES!" Ves lo que puede ser un comportamiento agresivo y un modelaje totalmente inadecuado. Eso es precisamente un comportamiento agresivo, así que por favor, si no deseas que lo imite pues simplemente no lo hagas tú. Si he asumido

…el mal que causa [la violencia] es permanente.
Mahatma Ghandi

Recuerda: No prediques la moral en calzoncillos o pantaletas.

un comportamiento un tanto agresivo puedo gritarle a mi hermana o amiguitos, pelear ante cualquier circunstancia sin poder exponer claramente mis necesidades y sentimientos. Ante esta situación te recomiendo enseñarme otra forma de expresar mis sentimientos. Por ejemplo: si yo le estoy pegando a otro niño me puedes apartar y dejarme solo durante unos minutos y decirme que permaneceré así para que pueda calmarme. Luego me puedes buscar y preguntar cómo me sentía y que me hizo sentir así. Dialoga conmigo sobre alternativas útiles para manejar la situación que enfrenté.

En ocasiones te he observado más callado ante las situaciones y lo que te dice mamá. Al hacerlo así no estás expresando tus sentimientos y lo que necesitas. Este comportamiento podría provenir de pensamientos relacionados quizás a que no vale la pena hablar porque las cosas no se van a resolver. Me he dado cuenta, que en ocasiones me he comportado de la misma manera, por eso te lo digo. Quizás piense que no me van a entender, que puedo hacer sentir mal al otro, mamá se puede enfadar conmigo, me va a decir que es una tontería, a ella no le interesa lo que yo pienso, entre otras cosas, entonces podría experimentar sentimientos de tristeza o desesperanza. Puedes observarme en estas situaciones cuando quizás no me atrevo a hablarte de mis sentimientos o simplemente no puedo expresar lo que necesito. También si me ves triste la mayor parte del tiempo, pero cuando me preguntas qué me pasa contesto: "nada" encogiéndome de hombros de manera muy tímida.

Ante este tipo de comportamiento me gustaría que hablaras conmigo. Me explico, si me ves muy callado, simplemente déjame saber que estás ahí para mí, que para ti es muy, pero que muy importante lo que me suceda por lo que deseas saber cómo me siento y de qué forma me puedes ayudar. Quizás solo sea necesario que me acurruques en tu regazo y me digas cuánto me amas. Es posible que así poco a poco me vaya sintiendo más seguro, confiado y pueda expresarte cómo me siento. Por favor, no vayas a asumir la confianza que he de tener en ti como un hecho dado y consumado ya que la misma se va promoviendo con el tiempo. La confianza varía de acuerdo con las acciones que vamos realizando en favor o pérdida de nuestras relaciones. Esto significa, que yo no tengo que confiar en ti porque seas mi papá o mi mamá. Yo puedo elegir confiar en ti de acuerdo con una serie de comportamientos que veo que con el tiempo me permiten pensar que puedes ser una persona confiable para mí.

Puede ser que en ocasiones observes que no te digo a ti cómo me sienta y lo que me sucede, pero se lo manifieste a otra persona de confianza y añada que no puedo confiar en ti porque tú nunca me escuchas o me entiendes, ni compartes conmigo. Ante una situación como esta podrías quizás hablar conmigo, tomarme en tu regazo, dejarme saber lo importante que soy para ti, no solo con tus palabras sino con tus acciones del día a día. Lo más importante es que yo aprenda a expresar mi necesidad a los demás sin miedo y con respeto. Eso es lo que me dices siempre. Yo creo que quizás la parte más difícil sea precisamente la de identificar lo que necesito. Para lograr esto voy a necesitar que desde pequeño me enseñes a identificar y expresar mi necesidad. Enséñame también a entender que en muchas ocasiones quien puede suplir esa necesidad soy yo mismo.

Puntos importantes

1. La manera en la que te comportas influye mucho en mí porque tú eres mi principal modelo a seguir.
2. En el comportamiento agresivo se observa el uso de la violencia verbal para referirse hacia otro.
3. Un padre agresivo puede gritarle a su niño, intimidarlo, ofenderlo verbalmente incluso agredirlo físicamente ante una falta del manejo adecuado de sus emociones.
4. Una persona sumisa no se expresa acerca de la situación y por lo general guarda silencio.
5. Es importante exponer tu necesidad a una tercera persona, pero con respeto.

Posibles beneficios

1. Una mejor comunicación entre ambos.
2. El que yo aprenda a identificar claramente mi necesidad y expresarla sin miedo.
3. Enseñarme que en la mayoría de los casos resulta adecuado manifestar un comportamiento de respeto.

Capítulo 8

Establece una estructura

Quizás te preguntarás: ¿a qué me refiero con eso de establecer una estructura? Se trata de que me establezcas una guía clara acerca de los comportamientos esperados. Además, deben existir más o menos unos tiempos un tanto delimitados para la ejecución de los mismos. O sea, que aprendas a establecerme una rutina que yo pueda seguir. Que conste, no se trata de que estemos en el ejército ni nada por estilo. No te vayas a confundir y no pretendas tampoco tener ese tipo de estructura tan rígida y poco divertida. Es cuestión de que yo sepa qué hacer. Es importante establecer una rutina en la cual tú te mantengas lo más constante posible para que yo no termine perdido acerca de lo que me corresponde realizar. De esta manera es posible que yo me sienta más seguro ante las circunstancias que ocurren a mí alrededor. Además, según los expertos, esta resulta en una de las maneras en que nosotros los niños aprendemos mejor a través de la repetición de situaciones y experiencias.

Recuerda: el éxito de una rutina bien establecida será la constancia.

Un ejemplo de esto podría ser que a la hora de acostarme a dormir tengamos básicamente la misma rutina y en el mismo orden. Quizás con el propósito de que eventualmente la pueda seguir yo solo sin que tú me la tengas que recordar todos los días. Acuéstame a la misma hora, excepto situaciones súper mega especiales. Comienza por decirme media hora o quince minutos antes según la cantidad de tareas, que corresponde que me vaya preparando para irme a dormir. Déjame saber que primero puedo irme a tomar un poco de agua o jugo si lo deseo, buscar la ropa para irme a bañar, ir al baño para mis necesidades básicas, bañarme, lavarme los dientes, meterme a la cama con mi pijama favorita puesta y terminamos con que tú me leas un cuento, me des muchos besos y me arropes bien. Puede ser algo como eso o como tú lo decidas. Lo importante es que cumpla con esa rutina establecida. Si fuese mi hermanita menor, quizás para que no se le olvide se lo puedes poner en fotos o dibujos, así los mira y podrá saber qué le corresponde hacer sin que necesariamente se lo tengas que recordar todos los días. No somos como ustedes que recitan todo lo que tienen que hacer en su mente. Recuerda dejarme saber si lo hago bien para que ello promueva el que yo pueda repetir dicho comportamiento.

Recuerda además, que si me cambias la rutina, por ejemplo: porque yo empiece a llorar para que me leas el cuento y tú accedes, sabré que a la larga las cosas se hacen como yo quiera y no como tú has decidido. Si el cuento viene luego de estar bañado y con pijama en la cama, pues simplemente no lo hagas antes o si no te aseguro que pagarás las consecuencias de tus actos.

Otras actividades que puedes incluir en la rutina diaria son: el proceso que me corresponde luego de levantarme, lavarme las manos antes de comer, el que me cepille los dientes después de realizar cada comida. También puedes incluir: recoger los juguetes luego de jugar con ellos, sentarme a estudiar o hacer las tareas antes de salir a jugar, sentarte conmigo a leer un rato todos los días. Con este último estarías creando un hábito de estudio y además promoverías mi curiosidad y quizás hasta el que yo desarrolle gusto por la lectura. Recuerda que puedes incluir cualquier otra rutina que tú entiendas adecuada.

Puntos importantes

1. Se trata de que me establezcas una guía clara acerca de los comportamientos esperados.
2. Es importante establecer una rutina en la cual tú te mantengas lo más constante posible.
3. Somos visuales.
4. Si me cambias la rutina porque yo empiece a llorar sabré que a la larga las cosas se hacen como yo quiera y no como tú has decidido.

Posibles beneficios

1. Se reducen las garatas entre nosotros al yo saber lo que me corresponde hacer.
2. Aprendo a ser constante al observarte a ti siendo constante.

Capítulo **9**

Sé constante

Para mí es sumamente importante que seas constante en lo que dices y haces porque yo me voy a estar fijando continuamente en eso. ¿Recuerdas? Me refiero a que en ocasiones no sé si te has dado cuenta, pero unas veces dices unas cosas y otros días dices otras muy diferentes. Además, en ocasiones haces unas cosas y en otras haces otras. En la mayoría de los casos tu descuido, olvido o falta de constancia lo habré de utilizar a mi favor, no necesariamente adrede, pero si lo he de utilizar a mi favor, porque de la misma manera que tú te olvidas yo también puedo olvidar.

En otras ocasiones esa falta de constancia tuya habrá de provocar un caos en mi cerebro. Terminaré confundiéndome. Explico los dos casos. Por ejemplo, imagínate que tú entiendes que me he portado mal por lo que soy merecedor de un castigo así que tú decides quitarme el juego de vídeo hasta el jueves y hoy es lunes. Hasta ahí todo está bien. Excepto que el miércoles yo te pregunté como quien no quiere la cosa, si podía jugar un poco de vídeo porque estoy súper aburrido porque ya he terminado mis asignaciones. Tú, como estás tan ocupada con una presentación que tienes que realizar para mañana a primera hora no me prestas mucha atención de momento y me dices: sí vete, no me molestes que estoy trabajando. Pienso yo, *se le olvidó que me había castigado*, así que voy apresurado y veloz a jugar vídeo… *me liberé del castigo por un día y mami no se dio cuenta.*

Recuerda: Ser constante = cumplir lo que alegas que vas a hacer.

Recuerda es vital que seas constante en lo que dices y haces. Esto también provoca una situación mayor ya que uno como niño puede detectar de igual manera que no siempre el castigo o la condición será impuesta. Me explico, imagínate que me dices algo como: no podrás salir a jugar hasta que recojas tu cuarto, pero un poco más tarde en ese mismo día escuchas que estoy haciendo lo que tú entiendes es mucho ruido y lo que yo entiendo es para mí divertirme y entonces dices algo como: vete afuera a jugar… Yo asombrado y con una sonrisa de oreja a oreja pensé: *¡Me salí con la mía, me voy corriendo a jugar afuera!* ¿Sabes qué sucedió? Que tu falta de paciencia provocó también tu falta de constancia que nuevamente ha de favorecerme. No necesariamente lo he planificado así, sin embargo, esa información la ingreso a mi disco duro porque estoy en constante aprendizaje. Esto implica que ya sé que las amenazas, castigos o condiciones preestablecidas para un comportamiento no siempre se han de mantener por lo que no pierdo nada con intentarlo y si me sale…pues… ¡gané!

Hay ocasiones en las que tal vez me pides que haga algo de una manera y en otras quieres que lo haga de otra para que avance. Puede resultar en algo completamente normal el que esto ocurra. Sin embargo, comprende que no sería adecuado que te molestaras conmigo si un día decido hacer las cosas de una de las dos formas previamente solicitadas por ti, pero ahora no estás de acuerdo con la misma. Solo permíteme que complete la tarea y quizás en otra ocasión con calma me explicas que la puedo completar de esa nueva forma que tú deseas. Otro ejemplo que te puedo presentar sería el que lo que hoy provoca el que te puedas reír mañana se convierte en motivo de un gran castigo. Ten en consideración que no debes castigarme por cosas que me has permitido realizar previamente ya que no sería justo para mí y me provocaría una inseguridad en relación a lo que puedo o no hacer. Déjame saber mejor que de ese punto en adelante ya no te encuentras de acuerdo con ese comportamiento y que quizás preferirías que lo limitara. Recuerda que necesito que me hables y me expliques para entender mejor los cambios y no perderme. Además, recuerda ser constante en lo que haces día con día ya que como te había mencionada anteriormente, siempre te observo.

Recuerda: trata de recordar lo que me dices para que no me digas algo diferente a cada instante.

Puntos importantes

1. Unas veces dices unas cosas y otros días dices otras.
2. A veces haces unas cosas y otros días haces todo lo contrario; eso solo lo que provoca es una gran confusión en mi cabeza.
3. Tu descuido, olvido o falta de constancia lo habré de utilizar a mi favor para lograr lo que yo deseo.
4. Es vital que seas constante en lo que dices y haces así aprendo a hacerlo con regularidad.
5. Evita castigarme por un comportamiento que otras veces permitías, solo déjame saber que de ese momento en adelante sería adecuado que modificara ese comportamiento.

Posibles beneficios

1. En la mayoría de los casos es probable que sepa a qué atenerme.
2. Se me hará más fácil entender y predecir tu comportamiento.
3. Aumentará mi sentido de confianza en ti.
4. Me sentiré menos nervioso en relación a lo que puedo realizar.
5. Probablemente nos entenderemos mejor.

Capítulo **10**

Instrucciones

¿Te has dado cuenta de la cantidad tan innumerable de instrucciones que ustedes pueden ofrecer en un día? Es realmente abrumador para mí, pero tengo que aprender a vivir con ellas. Ahora claro está, al momento de ofrecerlas sería apropiado que tomaras en cuenta una serie de puntos importantes que quizás nos puedan ayudar para que ambos nos entendamos mejor.

Educa a los niños y no será necesario castigar a los hombres.
Pitágoras

Resulta importante darme una instrucción a la vez, se me hará más fácil seguirla casi al pie de la letra de manera que no te molestes conmigo porque supuestamente no sigo instrucciones. No es lo mismo que me digas "echa la ropa en el cesto de ropa sucia" vs. "quítate la ropa, la echas en el cesto, te lavas los dientes, te metes a bañar y luego a la cama." *¿Cómo dijiste? ¿Era la ropa en el cesto o ponerla en la cama y tenía que bañarme o irme a dormir? Bueno, creo que era bañarme e irme a dormir. Sí, eso es. ¡Así lo haré!* De repente vas a darme el beso de buenas noches y me reclamas que he dejado la ropa encima de la cama y me preguntas de manera suspicaz si me he lavado los dientes. Al ver mi mirada incriminatoria me dices algo como: "te dije que te lavaras los dientes, acaso no escuchaste, ve y hazlo inmediatamente." "Pero mamá, si no fue adrede es que eran tantas instrucciones a la vez que me confundí y algunas las olvidé. No te enojes conmigo, por favor."

Recuerda: mi atención es corta así que por favor no me des tantas instrucciones a la vez.

Recuerda además, que al momento de ofrecerme la instrucción debes estar cerca de mí de manera que puedas confirmar que en efecto te estoy prestando atención. Hay tantos estímulos tan interesantes alrededor mío que puede ser que me pierda un poco entretenido.

Considera además, lo que estoy realizando al momento de ofrecerme la instrucción. Me explico, hay algunos momentos un tanto espléndidos que eliges para ofrecerlas, sin siquiera tomar en consideración mis necesidades. Además, en ocasiones le das más importancia a lo que tú deseas que haga vs. lo que yo deseo hacer y/o estoy realizando. Te daré un ejemplo. Imagínate que estoy viendo mi programa favorito de televisión en una de las partes más interesantes y tú que te asomas y me dices que bote la basura. Para colmo te quedas esperando o pasas a los pocos minutos para ver si lo he realizado. Te pregunto: ¿acaso consideraste mi necesidad en ese instante o la tuya? ¿Deseas saber algo muy importante? A mí no me molesta que me digas que bote la basura sino la forma y el momento en que lo haces. Lo que realmente me molesta es el momento en que me lo solicitas y el que exijas que debo hacerlo en ese instante. Me molesta que no tomes en consideración que yo también realizo algo que para mí resulta importante o interesante.

Recuerda: considera lo que hago al momento de darme la instrucción y dame tiempo para terminarlo.

No me molesta cooperar con las tareas o realizar las mismas sino que pretendas que deje de hacer lo que estoy haciendo para hacer lo que me pides cuando tú deseas. No crees que sería más fácil si me lo pides en un anuncio y me das el tiempo necesario para así hacerlo, como cuando termine el programa. Y si quizás piensas que se me va a olvidar lo cual puede ser probable, podemos utilizar ambos la creatividad para recordármelo. Algo así como una tarjetita que sirva de recordatorio la cual pueda ser colocada en un lugar estratégico.

Ahora bien, ¿por qué te digo esto? Realmente por algo muy importante, porque cuando tú esperas tranquilamente que yo realice la tarea me estás enseñando sin darte cuenta varias cosas importantes. ¿Quieres saber cuáles? Empecemos por: (1) paciencia, (2) consideración, (3) prioridades, (4) reconocer mis necesidades y (5) postergar la gratificación.

Ahora bien, con paciencia me refiero a saber esperar a que realice la tarea. La misma va unida con postergar la gratificación que sería el que tú deseas que la realice inmediatamente y así tener una gratificación al instante como lo puede ser, no ver la basura desbordándose en la cocina en ese momento. Me estarías enseñando entonces que no todo se puede obtener en el momento en el que se desea y que no está mal esperar ya que es una parte normal de la vida. Aprendo entonces que de igual manera yo tendré que esperar en algún momento y de igual forma no siempre he de tener una satisfacción inmediata. Por eso, a lo mejor cuando quiero que me atiendas de inmediato podré recordar que de la misma manera que tú esperaste, yo debo esperar. Entenderé que no debo interrumpirte cuando realices algo que consideres importante para ti.

Recuerda: al tener paciencia en torno a la realización de la tarea me enseñas a postergar la gratificación.

Es justo ahí cuando también aprendo a ser considerado de la misma manera que lo estás siendo tú conmigo. Entenderé que quizás ese es tu espacio, tu rato contigo o con otras cosas que te guste hacer y de igual manera es mi espacio conmigo y con lo que me gusta hacer. En realidad, lo que estaríamos tomando en consideración son las necesidades de cada cual y la importancia que tienen las mismas, tanto para uno como para nuestra sana convivencia. Así, finalmente, aprendemos también a establecer prioridades en términos de que podemos hacer unas actividades primero y luego otras. De todas maneras estaremos cumpliendo con lo necesario para esa convivencia adecuada.

¿Te das cuenta de todo lo que me enseñas con una simple acción de tu parte? Recuerda que todo lo que realices se convierte en un ejemplo a seguir y, sin querer, yo seré tu reflejo de aquello que realices. ¿Qué te parece si tomas en consideración cómo me puede afectar lo que tú hagas de manera que, a la larga, no te asustes con el reflejo de ti que observes en mi espejo? Cambia de actitud y quizás las cosas cambien, incluida nuestra relación.

Puntos importantes

1. Es importante darme una instrucción a la vez.
2. Debes estar cerca de mí de manera que puedas confirmar que, en efecto, te estoy prestando atención.
3. Toma en consideración mis necesidades al momento de brindarme la instrucción.
4. Recuerda que dependiendo de la manera en que reacciones me podrías estar enseñando: (1) paciencia, (2) consideración, (3) prioridades, (4) reconocer mis necesidades y (5) postergar la gratificación.

Posibles beneficios

1. Que no todo se puede obtener en el momento en el que se desea y que no está mal esperar.
2. Aprendo a ser considerado de la misma manera que lo estás siendo tu conmigo.
3. Aprendemos también a establecer prioridades en torno a las actividades que se necesitan realizar.
4. Es probable que tenga más disposición en realizar las tareas que me solicites.

Capítulo **11**

¿Por qué tantos "no", acaso hay algo que yo sí pueda hacer?

¿Te has preguntado alguna vez cómo se siente vivir en un mundo lleno de "no"? ¡Puede ser bastante frustrante cuando la mayor parte del tiempo lo que te dicen principalmente es: no toques eso, no dejes eso tirado, no olvides lavarte los dientes, no me interrumpas...! A veces son tantos que termino preguntando: ¿y qué puedo hacer? Sí, realmente me gustaría saber: ¿qué puedo hacer? En vez de decirme todo lo que no puedo o debo, enfócate mejor en decirme lo que sí. Por ejemplo, en vez de decir "no juegues con la pelota dentro de la casa" quizás podrías decirme "juega con la pelota en el patio". "No dejes el plato en la mesa" – "lleva el plato a la cocina". "No dejes la cama regada" – "recuerda recoger la cama". "No tires los juguetes por toda la casa" – "juega con tus juguetes en el cuarto". Es tan solo cambiar la frase a positivo en términos de lo que puedo hacer. Así habrá más probabilidades de que haga lo que esperas de mí.

Recuerda: Dime las cosas en positivo, lo que puedo hacer.

Recuerda que en muchas ocasiones lo que necesito es una guía clara de cómo comportarme, pero cuando esta se llena de "no", entonces puedo confundirme entre lo que podía hacer y lo que no debía hacer. Además, ante tantos "no" vendrá el deseo de mi parte por desafiarte y llevarte la contraria. Este deseo viene directamente relacionado del componente de frustración que me ocasiona escuchar para todo la palabra "no". No se trata de que quiera precisamente fastidiarte la paciencia y verte volar las tapitas… Es tan solo que quiero hacer algo, divertirme, ser libre.

Recuerda: no es lo mismo que me digas todo lo que no puedo hacer que lo que sí puedo.

Con tantos "no" en el medio me siento como si me pusieras una camisa de fuerza, es como estar preso en una cárcel, pero sin barrotes, es como los perritos que le ponen un collar que le da un impulso eléctrico si salen de cierta área, así se siente.

Recuerda cambiar los "no" por el "sí": las cosas que puedo hacer. Así será más fácil que pueda seguir algún comportamiento esperado. Otros ejemplos:

1. Yo: ¿Mamá, puedo comer una galleta?
   Tú: Sí mi amor, luego que te comas tus alimentos.
2. Yo: ¿Mamá, puedo ver televisión?
   Tú: Claro, cariño, tan pronto termines de recoger tu cuarto.
3. Yo: ¿Mamá, puedo jugar un juego de vídeo?
   Tú: Sí, después de que compartas un rato en el parque con tu hermanita.

Puntos importantes

1. En vez de decirme todo lo que no puedo o debo hacer, te enfocas mejor en decirme lo que sí.
2. Guíame, no me limites.
3. Recuerda el componente de frustración que me ocasiona escuchar para todo la palabra "no".

Posibles beneficios

1. No te contesto con un "no".
2. Es probable que aumente el comportamiento deseado.
3. Quizás tengas más ayuda de mi parte.
4. Te evitas las peleas y discusiones innecesarias con mi maravillosa persona.
5. Ganamos tiempo para compartir haciendo cosas que nos gusten.

Capítulo **12**

Muchos roles: ¿Qué esperas de mí?

Recuerda que estoy aprendiendo a ser hijo, independiente, quizás hermano, etc… mientras tú solo estás aprendiendo a ser mamá o papá. Para mí son muchos roles que estoy aprendiendo a la vez. Tú solo aprendes uno más porque los otros quizás ya los aprendiste como yo lo hago ahora. Me podrías además explicar con calma, pero cortito qué es exactamente lo que esperas de mí. Dime, ¿qué esperas de mí? Es que a veces me pides que me porte bien y cuando dices algo como eso yo me quedo pensando… *¿qué es portarse bien? ¿Será, que camine a tu lado si estoy en el centro comercial? ¿Será que no corra, que no me esconda debajo de la ropa, que no toque nada, que no pida nada, cero berrinches, rabietas o quejas o será que me sonría con la gente, que guarde silencio, que no te hale por el pantalón si quiero tu atención y que no respire…? ¡"Ummm"… un momento, sino respiro me muero! ¡Esa definitivamente no va!*

Recuerda: son muchos los roles que aprendo simultáneamente. Sé paciente conmigo.

¿Qué es eso de portarse bien? Eso puede ser cualquier cosa; pero ¿cuál de todas será? ¿Alguien me puede explicar, por favor? No entiendo y si meto la pata…ay Dios esto me está causando estrés, sí, no te rías y me mires extraño. Estrés, los niños también lo experimentamos. Es cuando tenemos muchas cosas en la cabeza y no sabemos exactamente qué hacer y de momento me encuentro abrumado por la situación. ¡Es terrible! Estoy hablando en serio no te rías a nosotros también nos pasa. ¡Tú pensarás, pero si eres un niño qué rollos has de tener, la verdad, muchos!

Recuerda: estoy aprendiendo así que al principio no va a quedar perfecto y puedo cometer errores. ¡Respira!

Recuerda: ¡los niños también podemos experimentar estrés! Tengo la preocupación constante de que debo seguir todo lo que me pides porque si no es probable que te enfades terriblemente conmigo y pierda mis privilegios o pierda el compartir contigo. Es por eso que tengo que tratar de acordarme todo el tiempo de todo lo que me dices y eso sí que es difícil. Te has puesto a pensar cuántas instrucciones das por minuto. De verdad cientos, y yo no tengo precisamente uno de esos equipos altamente sofisticados que te recuerda a ti todo lo que tú tienes que hacer. ¿Sabes por qué? ¡Pues porque yo te tengo a ti! ¿Qué más que tú para recordarme todo lo que tengo que hacer? Además, recuerda que, como te dije, estoy aprendiendo a no solo depender de ti para recordar las cosas, pero es un proceso, no se da rápidamente, por lo que iré poco a poco. En ocasiones puede ser que cometa errores y en otros momentos puede ser que lo haga todo tal y como tú me lo pides. Claro que esto no sucederá todo el tiempo porque los absolutos no existen y los niños perfectos tampoco. Es que estoy mejorando la técnica. Es como tú cuando empezaste en un trabajo nuevo que tenías que aprender tantas cosas esas primeras semanas. Claro que en mi caso mi trabajo es vivir y aprender; y todos los días aprendo algo nuevo. A diferencia de ti que, por ejemplo, solo tienes que aprender a realizar las tareas esas primeras semanas. ¡Yo, por el contrario, tengo que aprender nuevas tareas todos los días, seguir instrucciones constantes todo el tiempo, sobre todo convivir contigo la mayor parte del tiempo y eso puede ser realmente abrumador! ¡Imagínate cómo sería para ti si vivieras con tu jefe todos los días! ¿Ahora me entiendes? Así que por favor, en una futura ocasión toma en consideración lo abrumador que puede ser este proceso de ser niños.

Recuerda: sé específico al decirme lo que esperas de mí.

Recuerda: es normal que cometa errores, recuerda que son parte del aprendizaje.

Es por esto que resulta importante, muy importante que me expliques cada cierto tiempo qué esperas de mí. ¡No te asustes, dije tan solo cada cierto tiempo no a cada hora! Es que cuando vamos a salir a algún sitio nuevo me dejes saber exactamente: ¿cuál es el comportamiento esperado? Recuerda, claro, preciso y conciso…1, 2, 3… Por ejemplo, si vamos a casa de unos tíos, si vamos al médico, a las tiendas, al supermercado, etc. ¿Sabes por qué? Porque no en todos los sitios quieres que me comporte de la misma manera. A lo mejor estoy en la oficina del médico y esperas que me quede sentado y los pies fuera de la silla. Quizás en casa de la tía no debo trepar los pies en la silla, pero puedo jugar con los otros niños.

De eso se trata, déjame saber en cada situación lo que esperas de mí, así voy grabando la información en el disco duro. Quizás, habrá mayores probabilidades de que yo me recuerde y de que tú no te enfades porque yo hice algo que olvidaste especificar que no hiciera. Trata de decírmelo poco antes de salir, tómate cinco minutos para decirme hacia dónde vamos, lo que esperas de mí y también lo que puedo encontrar allí. De esta manera mi nivel de estrés, si alguno, disminuye y así quizás esté un poco más tranquilo, solo un poco. No es que me tengas que dar un informe completo sobre la situación es solo que me prepares y así sabré a qué atenerme. Recuerda además, que no necesariamente sea que no haga las cosas por llevarte la contraria, sino porque olvidé lo que deseabas que hiciera. En ese sentido simplemente dame un recordatorio sutil y de esa forma procuraré estar quizás un poco más pendiente. No te emociones mucho, porque no llevo una lista de tareas en mi mente como tú. Quizás a mayor edad sí, pero todavía soy muy joven para eso.

Recuerda: Déjame saber lo qué esperas de mí y que puedo esperar de ti o de la situación.

Puntos importantes

1. Recuerda que estoy aprendiendo a ser hijo, independiente, quizás hermano, etc…mientras, ¡tú solo estás aprendiendo a ser mamá o papá!
2. Dime, ¿qué esperas de mí?
3. ¡Los niños también podemos experimentar estrés!
4. Estoy aprendiendo a no solo depender de ti para recordar las cosas.

Posibles beneficios

1. Se mantienen las cuentas claras.
2. Sé a qué atenerme.
3. Quizás desarrolle menos tensión emocional.
4. Una mejor relación entre los dos.
5. Quizás puedas demostrar más empatía conmigo.

Capítulo **13**

¿Qué alternativas tengo?

Te preguntarás a qué me refiero con eso de alternativas y si eso existe en el mundo de los niños y yo te diré: pues fíjate que sí. De igual manera debería existir en el mundo de los adultos aunque a veces no parezca. Esto debido a que en muchas ocasiones ustedes tienden a dar soluciones mágicas para un problema identificado sin tomar en consideración las alternativas que yo podría pensar. ¿Quieres que piense o que haga lo que tú me dices?

Hablemos de alternativas en mi mundo. Alternativas puede ser que me brindes opciones acerca de la ropa que me puedo poner en el día de hoy y no necesariamente la determines tú por mí. Si es una ocasión importante o deseas un estilo de vestimenta en particular, saca diferentes conjuntos de ropa de manera que yo pueda escoger el conjunto que deseo ponerme. Puede ser que me permitas evaluar qué color me gustaría para mi cuarto dentro de un grupo de opciones, qué ropa de cama deseo utilizar o de qué lado quiero colocar los muebles que se encuentran en el cuarto. Puede ser que me permitas elegir qué deseo jugar contigo o qué juguete me gustaría que me compraras o de igual manera, las opciones que me puedas ofrecer. A ese tipo de situaciones me refiero con alternativas.

Ahora bien, es necesario que tomes en consideración que no en todo momento me puedes ofrecer alternativas ya que de así hacerlo confrontarás serios problemas. Me explico, una cosa es que me puedas ofrecer alternativas dentro de tus opciones, pero otra muy diferente es que incurras en una negociación constante sobre el comportamiento esperado. Por ejemplo, si me dices: "si te por-

Recuerda: si me ofreces alternativas me estás enseñando a tomar decisiones.

tas bien te compro un juguetito que gustes", sinceramente me estás comprando. Si me dices que estabas pendiente de regalarme un juguete y que puedo escoger entre estos, justo ahí me ofreces alternativas.

Sería prudente evitar este tipo de situaciones por ejemplo, a la hora de la comida ya que sino terminarás como chef de restaurante confeccionando platos a la carta y exhausta luego de terminar y yo feliz porque comí lo que deseaba.

Puntos importantes

1. Alternativas puede ser que me brindes opciones acerca de la ropa que me puedo poner, que me permitas evaluar qué color me gustaría para mi cuarto, qué ropa de cama deseo utilizar o de qué lado quiero colocar los muebles que se encuentran en el cuarto dentro de las opciones que me brindes.
2. Recuerda que existe una diferencia entre ofrecerme alternativas y lo que sería entrar en un proceso de negociación constante conmigo.

Posibles beneficios

1. Saber que para todo siempre existen alternativas por lo que debo aprender a verlas en todo lo que hago.
2. Estar abierto a las opciones.
3. Reconocer que puedes ser una persona flexible, que reconoce los gustos y necesidades de los demás.
4. Entender que las demás personas pueden presentar gustos y necesidades distintas.

Capítulo **14**

El castigo corporal, tu legado para nuestra sociedad

Mucho se ha hablado acerca del castigo corporal, quizás sobre todo nuestros abuelos. Decían que los niños de antes hacían más "caso" porque se les daba con una varita de guayaba o un buen "tapaboca". La pregunta que quizás ustedes se deben hacer es: ¿realmente los niños de antes hacían más caso por ese motivo o era que simplemente los padres de antes aparte de utilizar los golpes como parte de la disciplina eran quizás más firmes, constantes y alentaban más a los niños a realizar actividades en conjunto? Además, quizás en los tiempos de antes no se habían realizado los estudios adecuados sobre las consecuencias negativas que podía tener a corto y largo plazo tanto a nivel físico como psicológico el castigo corporal en nosotros los niños.

Recuerda: con el castigo corporal me enseñas a que las cosas se resuelven a puro golpe.

Toma en consideración la huella o el legado que deseas dejar. ¿Te has preguntado en algún momento, por qué quizás uno de nosotros le da a su hermanita un buen pellizco? ¿Por qué nos vamos a las trompadas en la escuela en vez de buscar puntos medios y alternativas para resolver nuestras diferencias? ¿Te has preguntado, por qué empujamos a nuestros compañeritos de clase cuando algo no nos gusta? Peor aún, ¿has considerado que de la misma manera que tú alzas la mano para pegarme yo lo podría hacer contigo? Y si lo hago, con qué cara me vas a decir que no puedo pegarte, que a mamá no se le pega. ¿Entonces a mamá no se le pega, pero al nene o la nena sí? ¿No tengo derecho a vengarme, ojo por ojo y diente por diente? Te he escuchado decirlo antes. ¿Y cómo debo entender que me digas que me amas, pero a la misma vez estés dispuesta/o a causarme daño físico? ¿Acaso está justificado que una persona que ame a otra le pegue si no hace lo que se le exige? ¿Te has preguntado alguna vez por qué existe la violencia doméstica a través del maltrato físico? ¿Acaso no será porque nos enseñan a que las cosas se resuelven a puro golpe? Entonces hombres y mujeres terminan siendo víctimas y victimarios en el ciclo de la violencia doméstica gracias a que quizás tuvieron un excelente modelo a seguir.

Quizás esos hombres y mujeres no vieron que sus padres se pegasen entre sí. Quizás ellos vivieron algo peor, el que ustedes los padres le pegasen siendo niños para lograr que se "tranquilizaran", que hicieran su voluntad, exactamente lo que ustedes querían o quizás simplemente para callarlos. Entonces, quizás esos hombres y mujeres que golpean a su pareja están haciendo lo mismo, callarlos, descargando su ira y sus frustraciones en la pareja como quizás ustedes lo hicieron en ellos. Que conste, dije quizás porque cada caso es diferente, creo.

Te has puesto a pensar que ustedes los padres no golpean a los niños porque piensen que sea la manera más efectiva para disciplinarnos, sino porque no saben cómo manejar de una manera adecuada su coraje y frustración. Sí, ese coraje y frustración que sienten al no poder manejarnos de una manera efectiva. Ese coraje y frustración que experimentan cuando no pueden entender que somos pequeñas personas en desarrollo que aprendemos del mundo. Tratamos de establecer nuestro propio sentido de identidad aunque en ocasiones el mismo no vaya pareado con el que ustedes tenían pensado que nosotros debíamos hacer.

Recuerda: has considerado que de igual forma yo podría utilizar el castigo corporal cuando sea adulto con mi pareja, mis hijos y hasta contigo.

Finalmente, ¿qué pasaría si yo hiciese lo mismo cuando fueses viejita o viejito? Recuerda algo muy importante, quien probablemente ha de cuidar de ti sea yo. Si me enseñas que las cosas se resuelven a golpes así lo haré, peor aún quizás lo haga contigo. Entonces, imagínate que eres una linda viejita de unos 88 años que ya no maneja nada bien como usa sus manos para coger las cosas. Esto hace que cada vez que vas a comer sin querer te echas la comida en la ropa. Bueno, no siempre, quizás solo un par de veces. En realidad mucho. Quien cuida de ti soy yo, además de otras personas. Imagínate que en una de esas ocasiones yo no pudiera lidiar con mi coraje o mi frustración de ver que te ensucies la ropa y te la tenga que ayudar a cambiar. Imagínate que en ese preciso instante te empuje, me pelee contigo y te regañe a puro grito. ¿Lo has pensado? Si eso sucediera, pregúntate ¿de dónde lo habría aprendido? Quizás de ti, si tú incurriste en una práctica similar cuando yo era pequeño.

¿Sabes qué? Simplemente yo no podría hacerlo, porque tú has sido quien me dio la vida y me habría cuidado todo ese tiempo y para mí eso sería suficiente para amarte y respetarte. Sin embargo, te has preguntado, ¿qué pasaría si alguna de las personas que yo contratara para cuidarte hubiese sido maltratada físicamente por sus padres? ¿Qué pasaría si pueda tener el resentimiento en conjunto con la rabia y al ver tu situación se la desquite contigo? Entonces, tú no serías una víctima de lo que hayas sembrado en mí durante mis años de infancia sino más bien una víctima de lo que otros padres hayan sembrado en sus hijos en sus años de infancia.

Recuerda: el uso del castigo corporal es una pérdida de control de tu parte.

¿Sabes qué es lo peor? Que en la mayoría de los casos se observa que el hijo que sufre maltrato o descuido por parte de ustedes es precisamente el que termina haciéndose cargo. Esto sucede en ocasiones porque necesita saber que en ese instante es importante para ti porque te cuida y desea desesperadamente tu amor.

¿Quieres otro ejemplo interesante? Imagínate que tu supervisor inmediato se molestara contigo porque no haces el trabajo bien y a tiempo, una situación que se ha dado en muchas ocasiones. ¿Tendría él, el derecho de pegarte porque tú no cumples con la tarea esperada en tu trabajo? Y si lo hiciera, ¿acaso no lo acusarías de agresión y querrías hasta meterlo preso por tu sed de venganza? Nuevamente ojo por ojo y diente por diente. ¿Y yo, podría hacerlo contigo pensando que es lo mismo?

El maltrato traducido en castigo corporal que hayan recibido esos niños durante sus primeros años será quizás el mismo al que sometan a otros cuando sean adultos. Entonces es importante que recuerdes algo, tú puedes hacer la diferencia. Ustedes pueden hacerlo al tratarnos de una manera diferente, más pacífica, más tranquila, con más respeto, entendimiento y con adecuado manejo de las emociones. De eso dependerá el futuro de ustedes y el nuestro. Existen otras maneras de disciplinar de forma adecuada, úsalas. ¡Y recuerda que no hay nada mejor que disciplinarme con amor!

Puntos importantes

1. Con el castigo corporal solo demuestras tu incapacidad para manejar tu frustración y tu coraje.
2. Puede tener consecuencias negativas en nosotros y quizás a la larga en ustedes.
3. ¿Has considerado que de la misma manera que tú alzas la mano para pegarme yo lo podría hacer contigo?

Posibles beneficios

1. El respeto por la vida.
2. Promover el que haga lo mismo por ti.
3. Ayudas a evitar la violencia.
4. Me convierto en un niño más seguro y tranquilo al hacer las cosas sin miedo de recibir un castigo corporal como parte de la corrección.

Capítulo **15**

Consecuencias lógicas

A veces sabes que soy un tanto persistentes ante las situaciones y con un agudo sentido de independencia y de necesidad de demostrar que puedo. Ante esta situación resulta importante que tomes en consideración que en ocasiones resulta más efectivo aplicar consecuencias lógicas ante un evento particular. Por ejemplo, en el parque, puede ser que me emocione tanto por sentirme en libertad y en compañía de otros niños de mi edad que quizás me aleje un poco de tu vista, que conste, solo un poco. En ese caso puedes decirme antes de llegar al parque que una regla básica para mantenerme disfrutando es que me mantenga dentro de la vista de cada cual. De no hacerlo sufriré las consecuencias de tener que abandonar el lugar y esperar hasta la próxima ocasión que podamos regresar. Ya sabes, en ese caso si me dijiste que la consecuencia sería esa, simplemente aplícala y sé constante. Por favor evita las amenazas intermedias, realmente no sirven, solo actúa. De esta manera yo entenderé que estás hablando en serio y que resultas confiable en lo que señalas. Así sabré exactamente a qué atenerme ante la situación. Y recuerda no ir cantaleteándome todo el camino, porque tuvimos que irnos del parque antes. Solo háblame de cualquier cosa excepto la cantaleta.

Recuerda: quizás sea necesarios que me digas las reglas básicas que necesito seguir para poder continuar disfrutando de algo y las consecuencias lógicas que sufriré de no hacerlo así.

Definitivamente no existe nada peor que la pérdida de un privilegio. Ahora bien, ¿sabías que en muchas ocasiones ustedes cometen graves errores al retirar privilegios? Para empezar, si vas a remover un privilegio tiene que ser algo que realmente me agrade, algo que de verdad captura mi atención y me causaría mucha tristeza no tenerlo en ese instante. Es necesario determinar qué privilegio me puede gustar más, ya sea ver televisión, un juguete en particular o una actividad. Supongo que si puede ser directamente relacionado a la situación que ocurrió sería mejor porque sería una consecuencia lógica.

Claro, resulta importante recordar que este privilegio no me debe ser retirado por más de un día por varios motivos particulares: eventualmente olvidaré que me lo quitaste y buscaré qué hacer. Si es por más de un día es probable que te estés excediendo en la implantación de la remoción del privilegio y no sea cónsono con la acción que llevó a la remoción del mismo. También es probable que te sientas culpable en algún momento y termines dándomelo antes del tiempo que tú mismo has determinado. De ser así, yo observaría una falta de constancia de tu parte y por consiguiente, una falla en el sistema.

Por otro lado, es mejor que todos los días yo tenga la oportunidad de determinar si permanezco con aquello que me agrada o no. Recuerda que ya habíamos hablado un poco acerca de mi necesidad de tener un poco de control sobre mi entorno y justo así sabré que tengo un poco de control. Decido tener un comportamiento adecuado que me permite conservar un privilegio o decido no tener dicho comportamiento y entonces asumiré las consecuencias de mi decisión.

Puntos importantes

1. Si me dijiste que la consecuencia sería una, simplemente aplícala y sé constante. De esta manera yo entenderé que estás hablando en serio y que resultas confiable en lo que señalas.
2. Recuerda evita cantaletearme todo el camino por haber tenido que aplicar la consecuencia lógica.

Posibles beneficios

1. Sabré exactamente a qué atenerme.
2. Será mi responsabilidad si recibo la consecuencia lógica o no.
3. Entenderé que tengo cierto control sobre las cosas que suceden entorno a mí.

Capítulo **16**

¿Cómo experimentamos los niños la depresión y la ansiedad?

Nosotros, los niños también podemos experimentar condiciones de salud mental como lo pueden ser la depresión y la ansiedad. Tú dirás, por favor, un niño ansioso o deprimido eso es imposible si no hay nada mejor que la vida de los niños. Bueno, pues te digo que sí la hay…la de los perros, porque ellos no tienen que estudiar como nosotros tenemos que hacerlo, viven para correr libremente, ladrar, dormir, comer y tirarse para atrás para que le rasquen la pancita.

Hay muchos niños que pueden experimentar dichas condiciones, sin embargo, en muchas ocasiones pueden pasar totalmente sin ser vistas. Esto puede ocurrir si no se ha estado observando con cuidado el comportamiento de nosotros o si peor aún, no nos han preguntado acerca de nuestros sentimientos. Resulta importante que te detengas a observar si en algún momento yo presento alguno de estos síntomas en dos sitios diferentes como lo son nuestro hogar y la escuela. De ser así, toma acción inmediata porque a lo mejor algo me sucede y resulta importante tu ayuda o comprensión para mi pronta mejoría. Recuerda que todavía dependo de ti.

Recuerda: los niños también podemos experimentar depresión o ansiedad, por lo que trata de estar pendiente a signos y síntomas que los representen.

Existen diversas situaciones en las cuales podemos experimentar períodos de ansiedad o depresión, por ejemplo, un cambio de escuela, una mudanza, la pérdida de uno de nuestros amiguitos, etc. Debemos entender que ante estas situaciones no tan solo enfrentamos el cambio sino también tener que enfrentarnos a nuevos escenarios. En dichos escenarios deberemos conocer nuevos niños y/o adultos y reconocer que quizás es posibles que hayamos perdido el contacto con aquellos que conocíamos previamente. Entonces vienen los cuestionamientos acerca de: ¿cómo será el nuevo sitio?, ¿qué pasará ahora? ¿tendré amiguitos? ¿me aceptarán?

Además, puede ser que desarrolle ansiedad si tú me lo enseñas, por ejemplo: que siempre tienes miedo o piensas que algo malo puede pasar o que tengo que desconfiar de todo y de todos incluso hasta de mí. A veces sucede que me enseñas que debo desconfiar de mí cuando me dices constantemente que no haga una cosa o la otra porque no sé hacerlo y algo malo me puede pasar si lo hago. Cuando por ejemplo, me dices que no baje las escaleras solo porque me puedo caer o no corte la carne porque me puedo cortar con el cuchillo o no me acerque a la estufa porque me puedo quemar. Ves, todas esas cosas en algún momento ustedes las han dicho. Un amigo mayor que yo con el que estaba hablando de estas cosas me ayudó a buscar en internet información sobre lo que a veces sentimos y lo que escuchamos de ustedes sobre depresión y ansiedad. Él encontró que en el National Institute of Mental Health se señala algunas posibles características de niños y adolescentes que pueden experimentar depresión.

Niños:
- Irritabilidad y/o agresividad
- Rabietas frecuentes
- Llanto sin motivo aparente
- Desinterés en los juegos
- Quejas somáticas (cuerpo)
- Cansancio
- Agitación o inhibición psicomotora
- Ideas recurrentes relacionadas con la muerte
- Apatía
- Baja autoestima
- Falta de concentración

Depresión en los adolescentes:
En el caso de los adolescentes estos pueden tener comportamientos adicionales como:
> Conductas negativas y poco sociales
> Abuso de alcohol y sustancias controladas
> Irritabilidad
> Comportamiento delictivo
> Fugas
> Sentirse no aceptados por el entorno
> Pobre colaboración familiar
> Descuido en su aseo personal

De acuerdo también con el National Institute of Mental Health, según un estudio realizado en Estados Unidos el 8% de los adolescentes entre las edades de 13 a 18 años experimenta desórdenes de ansiedad, reflejando los síntomas desde los 6 años.

Es importante entender que en muchas ocasiones este tipo de síntomas puede ser visto por ustedes como simplemente vagancia por parte de nosotros. En ocasiones se ve como el mero deseo de llevar la contraria dentro de la familia y no como parte de un problema de depresión o de ansiedad. De igual manera en ocasiones estos síntomas que te he mencionado pueden pertenecer a otros problemas mentales. Si estos no son evaluados con cuidado pueden ser confundidos y por consiguiente no ser atendidos de manera adecuada.

Puntos importantes

1. Los niños también podemos experimentar condiciones de salud mental como lo pueden ser la depresión y la ansiedad.
2. Observa mi comportamiento y si el mismo ha cambiado en las últimas semanas o días.
3. Recuerda que a veces un comportamiento que puede ser visto como vagancia o llevar la contraria podría ser la experimentación de depresión o ansiedad.

Posibles beneficios

1. Si observas con cuidado, podrías intervenir a tiempo.
2. Podrías ayudarme a manejar la situación que me afecta.
3. Podrías buscarme la ayuda adecuada para mi necesidad.

Capítulo **17**

Déjame saber cuando lo hago bien

En muchas ocasiones nos han enseñado a fijarnos solo en lo negativo, las fallas, lo que se nos olvidó, lo que no hicimos o dejamos de hacer. Quizás te enseñaron así porque así los enseñan a la gran mayoría, pero a mí me encantaría que me enseñaras de manera diferente. Enséñame a fijarme en lo positivo, en las cosas bonitas que tiene la vida. Enséñame a fijarme en lo bueno que hacen los demás, a mirar los logros y también los intentos porque esos también cuentan.

Recuerda: ayúdame a ver lo que hago bien y también lo que los demás hacen bien.

¿Sabes cómo me lo puedes enseñar? Con tu ejemplo, con el trato que me das, fijándote en lo bueno que hago, reforzando mis logros y mis intentos por hacer algo de una manera adecuada o simplemente fijándote en mis intentos por ayudarte. Si observas bien te darás cuenta que son muchas las ocasiones en las que lo hago de una manera adecuada o son muchas en las que trato de hacerlo lo mejor posible.

Con un buen juego de palabras puedes llevar a alguien a las puertas del cielo o directo al infierno.

Recuerda que poco a poco voy aprendiendo a hacerlo mejor. No tan solo te fijes en el resultado final, aprende a fijarte también en el proceso, porque ese también cuenta.

Si me dices que lo hago bien o me felicitas, quizás desee escuchar eso de nuevo o me inspire, por lo que intente continuar haciéndolo de esa manera. Se siente

Recuerda: refuérzame lo positivo. ¡Ganas más!

chévere saber que te prestan atención y más si es de esa forma tan positiva. Recuerda que puedes dejarme saber que lo hago bien a través de los besos, abrazos, caricias, una palmada, un comentario afirmativo o positivo hacia mi persona o lo que estoy haciendo, algo así como: "que bien te quedó eso", "lo estás haciendo súper", "eres muy inteligente". Es precisamente lo más que disfruto y lo que más impacto habrá de tener en mi personalidad y sobre todo en mi autoestima.

Déjame saber cuándo lo hago bien. Puede ser algo tan sencillo e impactante como cuando me felicitas porque he dejado el cuarto recogido o me das una palmada en la espalda cuando he obtenido buenas notas. Puede ser simplemente el que me digas que te alegra el ver que puedo mantenerme aseado y cuidado. Todas esas acciones se convierten en momentos que resultan agradables para mí y continúo haciendo las cosas de esa manera para volverlas a escuchar o sentir. Entonces, es importante que comprendas que mientras más te enfoques en lo que hago bien, tendrás mayores posibilidades de aumentar mi autoestima, mi confianza y mi sentido de independencia. De igual manera mientras más palabras de aliento me ofrezcas mayores probabilidades habrá que me dirija hacia el logro de metas positivas ya que me habrás ayudado a creer en mí y en lo que puedo hacer. Recuerda que me importa mucho lo que tú pienses de mí.

Recuerda: muéstrame las posibilidades.

Fíjate también en esas tantas veces que he tratado de ayudarte, pero sin querer en el proceso he realizado "un desastre". Es parte del proceso de aprendizaje. Te acuerdas las veces que quizás te levantaste por la mañana un poco más tarde que yo y de momento encontraste la cocina llena de polvo blanco por todas partes y un muñeco de nieve mirándote asustado con sus pequeños ojos. No te asustes, solo trataba de tomar la mezcla para panqueques porque tenía mucha hambre, como a ti te gustan y a mí también quería sorprenderte dejándote saber que ya la había hecho. Sin embargo, en el proceso para ponerla de nuevo en la nevera se me resbaló y cayó al piso. ¿Qué harías tú en ese instante? A- te enfadas conmigo. B – me regañas y me dices que nunca más lo vuelva a hacer. C – te echas a reír y me dices gracias por la iniciativa, ven, vamos a limpiar. ¡Yo espero que sea esa que incluya el que te eches a reír y me das las gracias por la iniciativa! No me regañes, después de todo solo va a tomarte una hora de limpieza y lo mejor… ¡yo te puedo ayudar!

Recuerda que siempre es bueno que reconozcas mi buena intención. Con el tiempo no será solo la buena intención con un pequeño desastre detrás, sino que se habrá de convertir en un resultado exitoso que tú mismo habrás promovido. A la larga, este se habrá de multiplicar. Cuando me refuerzas el intento, esa acción inicial que tuve de hacer algo, por ejemplo, el haber hecho la mezcla para los panqueques, eso promueve el que yo lo siga intentando en otras áreas y/o en esa misma, porque me haces sentir seguro de que lo puedo intentar y además seguro de que en una futura ocasión lo podré lograr.

> *Recuerda: reconoce también mis intentos.*

Sin embargo, cuando te enfadas conmigo de una manera excesiva y descontrolada además de no enseñarme un manejo adecuado de las emociones, no promueves el que yo me sienta en la confianza de hacerlo nuevamente. Al contrario, lo que promueves es el miedo a ti y la inacción de mi parte por evitar tu enfado y por entender que he fallado en mi deseo de ayudarte. ¿Acaso ese es el mensaje que me deseas enviar? Si no lo es, piénsalo dos veces antes de enfadarte conmigo y gritarme porque lo que yo interpreto es justamente eso. Después no me digas que soy un muchacho que no hago nada, que no tengo iniciativa. Antes de hacerlo, pregúntate: ¿acaso promoví la iniciativa en mi hijo? La respuesta tú la conoces bien. Además, antes de enfadarte recuerda las veces que intentaste ayudar y por algún motivo no quedó como esperabas. ¿Te habría gustado que reconocieran tu esfuerzo o por el contrario que no vieran tu intento? Recuerda que solo tú haces la diferencia y es precisamente conmigo porque de ti depende la persona que habré de ser mañana: el que me comporte como una persona exitosa o por el contrario como un perfecto tarado.

¿Quieres fomentar mi autoestima? Mensajes como: "que buena idea, "eres muy inteligente", "gracias por ayudarme", son algunos mensajes que ayudan a que pueda desarrollar una autoestima sana. Ahora si deseas lo contrario me dirías algo como: "eres un idiota", "nunca sabes hacer nada bien", "nunca vas a aprender", "mira qué bruto", "eres un torpe". Este tipo de mensaje probablemente dejará una huella en mi persona de por vida que podría afectar significativamente el curso que tome en términos, profesionales y de relaciones humanas. ¿Lo dudas? Simplemente busca las estadísticas de los reos y evalúalas con detenimiento. Te darás cuenta que en su mayoría son hombres y mujeres que crecieron en hogares que no funcionaban adecuadamente. Quizás hogares donde le dijeron de niño constantemente calificativos como ese y dejaron una huella tan profunda en su vida que no pudo salir adelante. Son cicatrices que marcan al niño y luego al adulto en términos de cómo se ve a sí mismo y cómo ve a la sociedad que le rodea. Cicatrices que en muchas ocasiones llevan un grave mensaje de desconfianza para consigo y los demás. Donde se pierde su sentido de seguridad y se marchita su posibilidad de logro. Si me dices lo bueno que hago es probable que lo haga más a menudo porque se siente agradable escucharlo.

Puntos importantes

1. Enséñame a fijarme en lo positivo, en las cosas bonitas que tiene la vida, en lo bueno que hacen los demás, a mirar los logros y también los intentos porque esos también cuentan.
2. Aprende a fijarte también en el proceso que me llevó al resultado final, porque ese también cuenta.
3. Siempre es bueno que reconozcas mi buena intención, ya que con el tiempo no será solo la buena intención con un pequeño desastre detrás, sino que se convertirá en un resultado exitoso que tú mismo habrás promovido.

Posibles beneficios

1. Que desee volver a intentarlo.
2. Mi deseo de ayudarte.
3. Se fortalece mi autoestima.
4. Se me ocurren más cosas que podrían ser útiles.
5. Dependo menos de ti.

Capítulo **18**

¿Cómo lograr que yo haga lo que tú deseas?

Imagínate que me dices que si recojo mi cuarto podré ir a jugar afuera. Si es así, saber que puedo ir a jugar afuera habrá de convertirse en un estímulo para recoger el cuarto. De igual manera, imagínate que me dices que me comprarás un helado si me porto "bien" en casa de tu amiga. Claro que eso de portarse "bien" es bastante genérico. Entonces el helado habría de convertirse en un estímulo que podría promover que yo me porte "bien" en ese momento que lo has solicitado. Sin embargo, es necesario que tengas un poco de cuidado ya que podría parecer que compras mi comportamiento con artículos u objetos. Yo podría quizás entender que si deseo algo o que me ofrezcas algo, me porto mal y como quizás esperes un comportamiento particular pues termines diciéndome algo así como lo del helado. Eso sin querer se convierte en chantaje y nuevamente yo puedo utilizarlo a mi favor sin que te des cuenta. ¿Necesitas más? Está bien, aquí van otros. Imagínate que me dices que cuando termine de estudiar puedo ir a jugar mi juego de vídeo favorito, evidentemente el videojuego habrá de convertirse en ese estímulo que quizás pueda motivarme para estudiar.

Tengo una amiguita que una vez me dijo que a ella le daba coraje cuando no le hacían caso, así que ella les gritaba sin parar y le hacían caso. ¿Puedes creer eso? Les grita y le hacen caso. ¡Es increíble! También me explicó que se molesta cuando no le compran lo que quiere por lo que en ese instante lo que hace es gritar con un berrinche hasta que se cansen y se lo compren. Después comienza con otra rabieta para que se cansen de nuevo y le ofrezcan comprarle otra cosa. ¡Viste, es sumamente brillante cómo maneja a sus padres a su antojo! Ellos terminan haciendo exactamente lo que ella quiere. Simplemente caen en la trampa y luego todo vuelve a empezar. Es como un círculo vicioso que se repite una y otra vez sin parar. La madre termina comprándole algo por no escuchar más sus rabietas. Aprende que cada vez que no desee escuchar a su hija con los berrinches mejor le ofrece comprarle algo y así elimina lo que le incomoda (la rabieta). Lo que no sabe la madre es que al hacerlo provoca que mi amiguita continúe con el comportamiento. Al ofrecerle algo lo que provoca es que las rabietas de mi amiguita aumenten para así obtener más cosas que desee. ¿Te das cuenta de cómo funciona el proceso? En muchas ocasiones ustedes no se dan cuenta que promueven en nosotros comportamientos inadecuados.

¿Sabes qué es lo peor? Que tú me enseñaste eso desde la cuna. En la cuna evidentemente no te podía hablar ni nada que se le parezca porque todavía no había aprendido a decir palabra, pero sí pude llorar desconsoladamente, entonces ahí, justo ahí, comencé mi aprendizaje y se llama: ¡cómo controlarte mejor!

A través del tiempo he ido perfeccionando la técnica hasta que me he vuelto en un perfecto maestro en el arte del control emocional. Tú te preguntarás: ¿cómo rayos es eso? Simplemente lloraba y esperaba a ver qué sucedía. En ese instante tú que apareces y siendo madre primeriza rápidamente me sacabas de la cuna para calmarme y listo, primera lección: si lloro me saca de la cuna. Claro, siempre aparece alguien así como una amiga tuya de esas que se creen maestras y te explicaban que si lo hacías constantemente cometías un grave error. Te decían que sólo me revisaras y determinaras si es que acaso tenía hambre, cólicos o necesitaba que me cambiaras el pañal. Ahí te dabas cuenta de que debías dejarme en la cuna más tiempo para no incurrir en lo que dicen por ahí, malacostumbrarme, yo lo llamaría hacer lo que yo te pedía. Claro que de igual manera iba aprendiendo por ensayo y error de la misma manera que tú aprendías. Eso implica que mientras tú decidías dejarme en la cuna yo pensaba rápidamente que algo andaba mal en el sistema y realizaba nuevas pruebas para regularme y arreglar el mismo. ¿Qué hacía? Lloraba aún más fuerte, desconsoladamente como si me estuviera muriendo apelando así a tus sentimientos en este caso de preocupación y culpa. Esto probablemente provocaba que me sacaras nuevamente de la cuna y listo, lección número dos: si lloro más fuerte mamá pensará que algo grave me pasa y me sacará de la cuna. Así ocurría una y otra vez hasta que, mientras iba creciendo, iba perfeccionando mi técnica para absolutamente todo.

Otro ejemplo: imagínate que estamos en la tienda y yo comienzo una pataleta porque me he antojado de un juguete que está justo antes de la caja registradora. Te halo del pantalón, me tiro al piso, comienzo a llorar como si me estuvieran matando y me pongo así todo rojo. ¿Qué haces tú? Desesperada por la situación y porque alegadamente todo el mundo te estaba mirando, terminas dándome el juguete que estaba reclamando. Al darme el juguete vez que dejo de llorar y sientes que las personas dejan de mirarte, además de que puedes continuar prestando atención a lo que estabas haciendo. Sin darte cuenta, incurres en el mismo error que cometió la mamá de mi amiguita ya que yo aprenderé que si quiero algo en la tienda solo necesito hacer una gran rabieta. Como te dije que estoy almacenando toda la información en mi disco duro, grabo y pienso....*si deseo un juguete solo tengo que hacer una gran rabieta con todo y el drama de las lágrimas, así lo obtendré*. ¡Seguro no te habías percatado de esa verdad!

Sería igual si estamos en la casa y tú estás haciendo un trabajo importante en tu computadora y yo te digo que me quiero comer el helado que está en la nevera. Quizás me dices que no, pero como ya aprendí solo comienzo mi actuación que muy bien podría llevarme a ganarme un premio al mejor actor y salen las lágrimas, el tirarme al piso y casi limpiarlo con mi camisa. Entonces, tú, como te sientes nuevamente desesperada porque tienes que terminar el trabajo, simplemente accedes a dejar que me coma el helado. Una vez más pruebo mi hipótesis: ¡tienes poca paciencia y yo la utilizo a mi favor!

Recuerda: no cedas todo el tiempo ante mis berrinches ya que si lo haces me estás enseñando a usarlos para obtener lo que quiera.

Otros ejemplos lo son: cuando me pides que haga algo, lo empiezo a hacer mal o te doy mucha lata para que pienses que no fue una buena idea pedirme que lo hiciera y así probablemente no me pides que lo haga de nuevo. ¿Sabes qué es lo más interesante? Esto lo aprendí de mi papá, que una vez dijo que cuando tú lo mandabas a hacer algo que no le gustaba lo hacía mal para que no lo mandaras a hacerlo de nuevo. Es interesante las cosas que puedo aprender de ustedes.

Puntos importantes

1. Si me das lo que pido mediante un berrinche yo aprenderé que solo es necesario hacer uno cuando desee que tú me des algo y te niegues a hacerlo.

Posibles beneficios

1. Más control sobre las situaciones.
2. Mejores relaciones entre nosotros.
3. Una vida familiar más saludable.
4. Más iniciativa.

Capítulo **19**

Promueve en mí un sentido de independencia

No me lo des todo, ni me lo hagas tan fácil. Si estoy balbuceando una palabra o señalando con el dedo para que me des algo pregúntame qué quiero, dime el nombre y no me lo des hasta que intente decirlo, esto si no es algo que al no tenerlo atente contra mis necesidades básicas, claro está. Si me lavas la ropa hasta los 18 años, me recoges el cuarto todo el tiempo, me compras todo lo que pido, definitivamente no estás promoviendo en mí un sentido de independencia. No se trata de que me dejes tirado por ahí o de que te vuelvas descuidado en el trato hacia mí. Se trata de que a medida que vaya creciendo me vayas asignando responsabilidades sencillas en el hogar que tengan que ver con mi persona. Se trata de cosas sencillas como por ejemplo, que desde pequeño me enseñes que debo echar la ropa en la cesta de la ropa sucia, guardar los juguetes después de usarlos, recoger la cama o llevar el plato y el vaso al fregadero. A medida que vaya creciendo me puedes enseñar a que ya no solo tengo que llevar el vaso al fregadero sino también fregarlo, que puedo botar la basura o lavar mi ropa de vez en cuando o quizás limpiar el carro.

Se trata también de que no salgas corriendo a resolverme o sacarme de lo que pueda parecer una situación difícil. Por ejemplo, el que necesite subirme a algún sitio, déjame que lo intente y por favor no te desesperes si antes de lograrlo debo intentarlo varias veces, algo así como siete, ocho o quizás diez. No te frustres por mis fallas o no sientas compasión de mí y termines subiéndome tú. De así hacerlo pensarías que estás dándome la mano y sacándome de lo que tú crees es mi miseria.

Recuerda: ¿cómo voy a aprender a resolver mis asuntos si siempre lo estás haciendo por mí?

¿Quieres la verdad? Si lo haces me estarías haciendo un grave daño que de ser repetido en un sinnúmero de ocasiones posteriores realmente se convertirá en un daño inmenso. Sencillo, me estarías recortando las alitas, limitando mis posibilidades y enseñándome a creer que no puedo lograr las cosas si no es con tu ayuda. Recuerda que a mi edad podría terminar creyéndome exactamente eso y eso implicaría que aprendería a pedirte ayuda a cada instante que yo piense que no puedo lograrlo solo.

Dime algo, ¿acaso deseas un muchacho que dependa de ti la mayoría del tiempo, que no sepa tomar sus propias decisiones, que necesite que tú le resuelvas todo como las asignaciones de la escuela cuando tenga 15 años? O deseas uno independiente que tenga confianza en sí mismo, que se atreva a intentarlo sin importar cuántas veces sea necesario hacerlo. Un hijo que pueda incluso tomar sus propias decisiones acerca de cuándo es adecuado ingresar en la batalla y cuándo es adecuado retirarse de la misma por un instante e intentarlo más adelante. ¿Cuál deseas tú? Piénsalo bien porque, ¿sabes qué es lo peor? Tú no estarás a mi lado en todo momento para resolverme las cosas y sacarme de apuros, habrá momentos en que no estés y quizás yo no haya aprendido a tomar decisiones y/o evaluar mis alternativas si es que tú has estado siempre para resolverme situaciones. Además, seamos honestos, si seguimos lo que podríamos llamar el curso "normal" de la vida quizás mueras antes que yo. ¿Qué haré yo si no me permitiste aprender a tomar decisiones por mí y a evaluar lo que mejor me convenía de acuerdo con mis posibilidades? Si me amas de verdad, promueve en mí un sentido de independencia que me permita defenderme en la vida y adquirir las herramientas necesarias para vivir en ella adecuadamente.

Puntos importantes

1. No me lo des todo, ni me lo hagas tan fácil.
2. Permíteme aprender a realizar mis propias tareas.
3. Enséñame como hacer las tareas, pero reconoce que puedo presentar mi propio estilo.

Posibles beneficios

1. Mejor calidad de vida para ambos.
2. Más tiempo para realizar cosas divertidas.
3. Más unión entre nosotros.
4. Aumento de mi autoestima, confianza, seguridad e independencia.
5. ¡Ser el próximo gobernador o presidente de mi país!

Capítulo **20**

Cuando me dejas de lado por ser independiente

Quizás sea un tanto extraño para ti este tema, pero es algo que sucede mucho más a menudo de lo que tú te imaginas. Me explico, en la sociedad en la que vivimos resulta una práctica muy común de los padres el brindarle una mayor atención al niño que más dificultades presenta. Por ejemplo, el niño que ocasiona más rabietas, el que pelea frecuentemente en la escuela o con sus vecinos, el que no quiere hacer las cosas y finalmente el adolescente que tropieza en el uso de drogas ilícitas o alcohol. A este tipo de niño es al que ustedes atienden más, por lo general. Sin embargo, si tienen otro hijo el cual no se mete en estas prácticas es a este al que le prestan menos atención.

Esto se puede deber a que ustedes funcionan como padres sobreprotectores. Son padres que le dan todo al que más dificultades ocasiona ya que piensan que haciéndolo así podrán controlarlo mejor. También podrían llegar a pensar que si lo "protegen" no caerá más en comportamientos inadecuados e incorrectos y de ser así que ustedes deben estar ahí para "salvarlo".

Recuerda: aunque sea independiente, también necesito tu apoyo.

Al hijo que es más independiente, que va por el camino "adecuado", a ese lo dejan de lado o le prestan mucha menos atención porque piensan quizás que no la necesita, que él estará bien. Ustedes piensan que no tienen que preocuparse porque ese ha de llegar lejos. ¿Quieren saber la verdad? Cometen un grave error si lo hacen de esa manera. Realmente, se equivocan gravemente porque al final ninguno sale "bien" emocionalmente hablando. Uno, porque es un mantenido, un muchacho que sobreprotegieron y al cual se lo

Recuerda: si todo el tiempo sacas de problemas al que te da problemas, jamás aprenderá a hacerlo por sí.

dieron todo para que no se metiera en problemas, ni el otro porque se siente desatendido y decepcionado de ustedes y de la vida en general.

Posiblemente el primero pensará que se lo merece todo y que si no se lo dan lo que entiende se merece o le corresponde quizás con una amenaza o el uso de un comportamiento incorrecto lo obtendrá. ¿Sabes cuál es ese? Quizás el que acosa en mi escuela molestando constantemente a los otros niños que le tienen miedo por su comportamiento y sus amenazas. ¡Suerte que yo no tengo problemas con él! Por otro lado, es posible que el segundo, el que se porta "bien" o es más independiente termine pensado que no vale la pena hacer las cosas chéveres. Esto debido a que siempre terminan atendiendo excesivamente o "premiando" a su hermano al que muestra serias dificultades. Es probable que si lo observan con detenimiento siempre esté un tanto ansioso e irritable, porque se esfuerce excesivamente por hacerlo "bien" para que lo vean, que vean lo bueno que es, lo exitoso que puede ser. Quizás se esté presionando más y de manera constante por hacerlo mejor para pasar del chico invisible ante sus padres al chico reconocido. Con el paso del tiempo es probable que al final no alcance todas sus metas porque quizás no tuvo la motivación externa necesaria para así hacerlo. Quizás te necesitaba. ¿Quieres un ejemplo real? Tengo una prima que tiene un hermano que siempre se estuvo metiendo en problemas y buscando atención de manera incorrecta. Él no hacía las tareas, no quería copiar, le gustaba molestar en la escuela, andaba con otros nenes que se comportaban igual hasta que a los 16 empezó a fumar marihuana. Continuó con grupos de amistades incorrectas y cuando empezó en la universidad fue peor, dejó de asistir y además estuvo preso. Su hermana, sin embargo, era una súper buena estudiante e hija, con un buen grupo de amistades y dependía poco de su mamá para hacer sus cosas. Tenía muchas metas y sueños por lograr. Sin embargo, con el paso del tiempo se fue dando cuenta que su mamá no le prestaba tanta atención porque siempre estaba resolviendo los asuntos de su hermano. Incluso con el tiempo observaba que su madre le daba dinero a su hermano para que mantuviera el vicio sin meterse en problemas, pero cuando ella necesitaba para sus cosas básicas le decía que no tenía dinero. Estas acciones contribuyeron a larga a que ella se decepcionara de sus condiciones y la manera en la que era tratada ya que entendía que la misma era injusta para con ella. Al final le embargaron la tristeza y la frustración, aunque sigue siendo una buena muchacha, su ánimo y confianza en los demás se ha visto fuertemente lastimada.

Es importante que recuerden algo básico. Recuerden siempre atender a sus hijos por igual, brindarles la atención necesaria tanto al que ofrece dificultades como al que no. Como le mencionara en los capítulos anteriores, si le prestan excesiva atención a las rabietas lo que hacen es promover el que dichos comportamientos aumenten dramáticamente. Aprendemos que el comportamiento inadecuado tiene mayor atención que el correcto. Entonces lo seguirá haciendo y con el paso del tiempo esos comportamientos incorrectos aumentarán hasta consumirlos tanto a ustedes como a él y los que están alrededor. De igual manera, al no prestar atención al comportamiento adecuado podrían provocar que en algún momento este disminuya considerablemente. Quizás podrían provocar que ese hijo que se porta "bien" piense que no vale la pena hacerlo y termine colgando los guantes. Quizás, además piense en su etapa de adulto que realmente no vale la pena portarse "bien" porque los demás no lo ven.

Puntos importantes

1. Resulta una práctica muy común de ustedes los padres el brindarle más atención al niño que más dificultades ofrece.
2. Funcionan como padres sobreprotectores que le dan todo al que más dificultades ocasiona ya que piensan que haciéndolo así podrán controlarlo mejor.
3. También podrían llegar a pensar que si lo "protegen" no incurrirá más en comportamientos inadecuados e incorrectos y de ser así que ustedes deben estar ahí para "salvarlo".
4. Al hijo que es más independiente, que va por el camino "adecuado", a ese lo dejan de lado o le prestan mucha menos atención porque piensan quizás que no la necesita, que él estará bien.
5. El de las dificultades pensará que se lo merece todo y que si no se lo dan quizás con un berrinche o una amenaza mediante un comportamiento incorrecto lo obtendrá.
6. Es posible que el que se porta "bien" o es más independiente termine pensado que no vale la pena hacer las cosas chéveres porque siempre terminan atendiendo o "premiando" a su hermano/a, al que muestra serias dificultades.

Posibles beneficios

1. Más balance en la atención de tus hijos.
2. El que yo aprenda que existen consecuencias lógicas y que la justicia no es ciega.
3. El que yo observe que para mis padres yo también soy importante.
4. El que yo aprenda a confiar en los demás.
5. El que tenga la motivación externa necesaria para continuar hacia adelante.

Capítulo **21**

Aprende a elegir las batallas

Es necesario que, poco a poco, aprendas a elegir las batallas. Te preguntarás: ¿a qué me refiero? ¿Te has dado cuenta que a veces ingresas en batallas conmigo que resultan innecesarias y desgastantes? En su mayoría ocurren al no aceptar que pueda presentar ideas diferentes a las tuyas y que no por ello he de estar mal. Me explico: imagínate que soy una adolescente y de momento me ha dado con pintarme las uñas de negro y vestir de negro. ¿Qué harías tú: insultarme, pelear conmigo y decirme que no me quieres en esas fachas o actuarías demostrando más inteligencia? Resulta una pregunta importante, quizás de difícil respuesta, pero dependiendo de la misma será mi reacción hacia ti y se marcará el curso de nuestra relación. La realidad es que probablemente decidas discutir conmigo por esa situación y luego si acaso preguntarme a qué se debe.

Hay ocasiones en que ustedes, los padres, son tan excesivamente rígidos que se pasan de estreñidos mentales y de verdad no tengo ni la menor idea de por qué son así cuando la vida es tan divertida. ¿Será que ustedes habrán perdido la diversión de esta y por eso reaccionan así? Recuerden que todo puede ser diferente solo si ustedes se lo proponen, es cuestión de intentarlo. Un ejemplo de esto puede ser que de momento estemos disfrutando plácidamente en el parque y ya se acerca la hora de irnos, me imagino que ya sabes lo que viene; "pero mamá un ratito más, no me quiero ir, por qué nos tenemos que ir, no quiero". Supongo que yo también sé lo que viene… "camina que nos tenemos que ir, ya disfrutaste bastante. Eres un desconsiderado conmigo después de que te traigo al parque; ¿cómo es posible que me hagas esto?"

No lo debes tomar personal. Es que tan solo me sentía muy bien y como ya sabes lo bueno acaba rápido, pero a veces uno no quiere que se acabe y permanece con la esperanza de que dure un poco más. Eso es todo. Así que, ¿qué te parece si en vez de hacer un berrinche igual o peor que yo y tomarlo personal, mejor cambias la estrategia? Dime que hagamos una competencia hasta el carro para ver quién llega primero. Quizás juguemos el juego de veo veo mientras vamos caminando o quizás cantemos juntos en lo que llegamos hasta allá. Así continúa la distracción para ambos y cerramos la tarde en grande.

Otra cosa que puedes hacer que puede ser muy productiva al momento de salir del parque es quizás reenfocarme en otra situación y no precisamente la de la salida. Por ejemplo, me puedes reenfocar en las opciones que tenemos para alimentarnos luego de un pasadía divertido. De esta manera pierdo la atención de la salida y el alejarme de algo que para mí fue divertido y me enfoco en otra cosa que habrá de ser igualmente divertida como lo será el alimento que hemos de compartir en la casa.

¿Te ha sucedido que hayas decidido arrastrarme contigo al centro comercial y de momento me da un berrinche? Ante esa situación, sigue caminando para hacer tus cosas siempre que yo me encuentre seguro, o sea, que no me vaya a pasar nada grave. Y no te vayas muy lejos. Si estamos en una tienda, quizás ve caminando hasta la esquina de la góndola como si nada pasara, no trates de calmarme ni decirme nada, solo camina. Tan pronto te vea caminando y que has decidido no prestar atención a mi rabieta pues desistiré y no me quedará más remedio que seguir caminando contigo. Síguelo haciendo sucesivamente ya que recuerda que yo puedo ser algo persistente. Así que báñate de mucha

Recuerda: no hagas una rabieta igual que yo; no necesitamos dos iguales.

paciencia si observas que en el momento no reacciono de inmediato como esperas. Sé paciente, luego de un tiempo comprenderé que solo tengo el control de mis emociones, pero no necesariamente de la situación que ocurre en ese instante.

Sabes que a veces en las tiendas uno hace unos berrinches terribles de esos que se escuchan varias góndolas más abajo. Bueno, yo quizás ya no los hago. Pues bien, que te parece si en vez de tú también ir a la tienda toda triste porque me tienes que llevar y no sabes qué hacer conmigo, me aprovechas para que en cada góndola te ayude a encontrar las cosas que necesitamos para el hogar. De esta manera me enseñas lo importante de la cooperación, el trabajo en equipo, a diferenciar entre lo que veo y, sobre todo, me mantienes entretenido. Probablemente me porte de una manera adecuada y ni tú ni yo tengamos que sufrir las consecuencias de un proceso rígido mal ejecutado.

Otro ejemplo que te puedo proporcionar acerca de elegir las batallas es cuando en ocasiones puedes observar que de momento empiezo a pelear mucho y estar muy disgustado. O por ejemplo como le pasa a mi amiguita, la hija de tu vecina, de momento ella y su hermano empiezan a pelear tanto que parece una lucha callejera. Ante esa situación podrías sugerirle a tu vecina que quizás en ese momento lo pueda resolver de una manera sencilla, no necesariamente que se meta en el medio como árbitro sino más bien, de una manera mucho más inteligente, tan solo que los envíe al patio a jugar. Solo eso. Recuerda que hay ocasiones que cuando uno pasa demasiado tiempo encerrado, de momento los ánimos se pueden encender un poco. Así que quizás un poco de sol y aire libre sea la solución mágica y sabia para esa riña. Recuerda que de ti dependerá elegir las batallas y las tácticas adecuadas para manejarlas, pero las consecuencias de las mismas las viviremos ambos.

Puntos importantes

1. Cuidado con las batallas innecesarias y desgastantes.
2. No pierdas tú tiempo en situaciones que con un poco de tiempo probablemente mejorarán significativamente.
3. A veces cediendo se gana.

Posibles beneficios

1. Ganas tiempo.
2. Me ganas a mí.
3. Me aceptas tal y como soy o por lo menos eso aparentas.

Capítulo **22**

¿Sabes cuál es mi problema?

¿Te has encontrado alguna vez con que esté llorando desesperadamente como si el mundo se estuviese acabando sin control aparente? ¿Te ha pasado que de momento comience a hacer una fuerte rabieta y aunque me digas 20 veces que me quede tranquilo no logras que suceda? Si eso sucediera no te desesperes conmigo porque si estoy muy pequeño es posible que no te pueda expresar claramente cuáles son mis necesidades. Claro que tú podrías ayudarme en ese proceso. ¿Cómo? Entendiendo un par de puntos básicos como, por ejemplo: que tengo necesidades básicas que deben ser suplidas en ciertos tiempos parcialmente establecidos. Mis necesidades básicas son comer, dormir, eliminar desperdicios y, obviamente, divertirme. Dicho esto, es necesario entender que mínimo debo dormir unas ocho horas diarias para poder levantarme al otro día más relajado y dispuesto a hacer las diferentes cosas que tengamos que hacer.

Recuerda: Identifica mis necesidades.

Ahora bien, una vez identificada cuales son mis necesidades básicas que quizás son muy parecidas a las tuyas debes entender que los tiempos para satisfacer las mismas en relación a ti pueden ser un tanto diferentes. Además, quizás los periodos que transcurran entre una y otra sean significativamente menores a lo que habías considerado. De igual manera al conocer cuáles son mis necesidades e irme conociendo te darás cuenta que el pedido en relación con dichas necesidades quizás resulta un tanto diferente de acuerdo con cada una. Me explico, el llanto de hambre de mi hermanita (si fuera pequeña) será diferente al de estar con sueño. Por ejemplo, quizás el de hambre sea un tanto agudo y sonoro; quizás el que está relacionado con el sueño sea como un berrinche particular con irritabilidad e incoherencias incluidas. Es necesario que aprendas a diferenciarlas con mi hermanita ya que no los expresará claramente. A medida que vaya creciendo podrá expresar mejor sus necesidades. Es necesario, además, que puedas entender que lo que para ti puede ser cómodo y fácil de realizar o soportar quizás para mí o para ella no lo sea.

Por ejemplo, imagínate que has decidido ir de tiendas y arrastrarme contigo hacia esa faena, le das vuelta una y otra vez a todo el centro comercial. Como entenderás lo que para ti parece algo divertido quizás para mí no lo es. Mientras tú sonríes al ver cómo gastas el dinero yo me desespero al ver que doy vueltas y me duelen mis pies ya que como sabes mis piernas son más cortas que las tuyas por lo que tengo que dar más pasos, los zapatitos me aprietan y las medias me dan calor. Es comprensible, tú te diviertes, pero yo no. Si lo puedes entender justo desde mi punto de vista de niño te aseguro que todo funcionará mejor. En vez de dar varias vueltas por todo el centro comercial durante varias horas quizás limita el periodo de tiempo a tan solo una o dos horas, no más. Es muy probable que no resista más y, por consiguiente, comience a arrastrar los pies, hacer una expresión de molestia con el rostro, me esté quejando constantemente y de tú no entender mi necesidad quizás comience una rabieta a gran escala. Todo esto lo haré con el firme propósito de captar tu atención y que tú entiendas que estoy harto de tanto caminar sin sentido para mí y que real y desesperadamente me quiero ir.

Claro que dicho todo esto me dirás, que tenemos que aprender a compartir y esperar porque es importante y yo te diré, suena bien, pero ¿acaso tú lo haces? La verdad que probablemente no, ¿cuántas veces has acompañado a papá a ver un partido de béisbol? Verdad que son súper largos, aburridísimos y que te niegas rotundamente a hacerlo o siquiera sentarte con él en el cuarto de entretenimiento a ver uno desde la comodidad de nuestro sofá. ¿Verdad que no lo haces? Entonces mamá, si tú no lo haces, ¿por qué me sometes a mí a considerable tortura como lo puede ser ir de tiendas contigo? Quizás me digas que no tienes con quién dejarme y probablemente sea cierto, pero recuerda que po-

> *Recuerda: enséñame con tu ejemplo, no con tus palabras.*

demos acortar el tiempo de la tortura y será probable que saldremos mejor.

Imagínate que vas a casa de una amiga que hace mucho tiempo que no ves y evidentemente estás muy contenta de ir a visitarla, pero mírame aquí…tu colita. Obviamente te voy a acompañar o más bien me vas a arrastrar en la tarea y tendré que estar allí una cantidad de tiempo indefinido. Todo esto sucederá en lo que tu amiga y tú intercambian "cuentos". Ahora, ¿sabes qué es lo peor? Tu amiga no tiene hijos con los que yo pueda compartir por lo que yo estoy al punto del colapso nervioso. Tan solo me llevé un juguete para entretenerme y como entenderás solo estaré entretenido quizás y con suerte la primera media hora. ¿Qué habré de hacer las tres horas restantes que faltan para salir de este encierro? ¿Cómo he de manejar mi desesperación? El nivel de aburrimiento sigue aumentando significativamente y es tal que se apodera de todo mi cuerpo y de toda mi mente y es ahí justo cuando comienzo a moverme por toda la sala, tocar diferentes artículos del hogar, interrumpirte constantemente y tú a decirme que me quede tranquilo que ya vamos a salir. Como comprenderás, la frase de ya vamos a salir suena como música para mis oídos, pero para ti es algo así como una migaja de pan que le ofreces a un hambriento para que se conforme por un rato. Por lo que mientras yo interpreto la frase dentro de la posibilidad temporal de los próximos minutos tú la defines en tu mente dentro de la realidad temporal de la próxima hora. ¿Y qué sucede ahora?...pues que luego de un par de minutos y poder observar con mis ojitos ensombrecidos por la desesperación que nada ocurre habré de volver a interrumpirte y reclamarte que estoy cansado y me quiero ir. Sin embargo, quizás tú ajena a mi necesidad y considerando únicamente la tuya en ese instante me miras con el entrecejo fruncido y me dices que no interrumpa más que ya nos vamos. Y cuando vamos saliendo finalmente por el umbral de la puerta en dirección hacia mi libertad me enfatizas molesta, "contigo no se puede salir". Como comprenderás justo en ese instante te he prestado una atención mínima ya que me dirigía hacia mi tan codiciada libertad, el camino hacia mi hogar, mi espacio y mis juguetes. Repasemos esto un momento para observar qué podemos hacer diferente en esta historia. Quizás:

(1) Déjame saber de antemano para dónde vamos, qué puedo esperar allí y cuánto tiempo aproximado vamos a estar.

(2) Establece un periodo de tiempo razonable en el que tú te sientas cómoda para estar con tu amiga y sea fácil para mí manejar en términos de lo que puedo hacer. De esta forma las necesidades de ambos serán satisfechas.

(3) Ínstame a llevar varios artículos para distraerme que puedan ser de fácil manejo para ti y para mí, que quizás sean los más que me entretengan por lo que acaparen una mayor cantidad de mi tiempo. Es llevar aquellos juguetes con los cuales sabes que estaré más distraído por un tiempo mayor.

(4) Por favor, cuando te diga que ya me quiero ir evalúa si es que hemos pasado un periodo de tiempo significativamente extenso en ese lugar por lo que realmente ya me encuentro cansado y deseo irme. De ser así, déjame saber exactamente cuánto tiempo más debo esperar siendo justo con tu necesidad y la mía, cumple tu palabra de irnos en un corto periodo de tiempo. Así me enseñarás que puedo confiar en ti y que respetas mi necesidad algo que seguramente yo aprenderé a hacer en el camino.

(5) Otra cosa que podrías hacer es evaluar el lugar de reunión que más apropiado sea para todos, por ejemplo, el parque. Evalúa los diferentes escenarios y toma una decisión pensando en nosotros dos. Recuerda que ambos pagaremos las consecuencias de lo adecuada de tu decisión.

Puntos importantes

1. Mis necesidades básicas son comer, dormir, eliminar desperdicios, atención y obviamente divertirme.
2. Los tiempos para satisfacer mis necesidades básicas en relación a ti pueden ser un tanto diferentes y quizás los periodos que transcurran entre una y otra sean significativamente menores a lo que habías considerado.
3. Recuerda identificar mi necesidad con certeza para poderla suplir con éxito.
4. Lo que para ti puede ser cómodo y fácil de realizar o soportar quizás para mí no lo sea.

Posibles beneficios

1. Tener una posible solución hábil.
2. Saber cómo intervenir mejor conmigo.
3. Menos estrés.
4. Menos berrinches.
5. Satisfacer necesidades mutuas.

Capítulo **23**

Ponte en mi lugar

Puede ser realmente muy fácil verlo todo desde allá arriba, pero para mí puede ser sumamente difícil verlo o hacerlo todo desde acá abajo así que, por favor, ponte en mi lugar. ¿A qué me refiero con eso? A que demuestres empatía conmigo, que entiendas que el ser niño no es fácil aunque quizás lo hayas olvidado con los sinsabores de la vida. Que también resulta necesario, de vez en cuando, ver las cosas desde el punto de vista del otro para poder entenderlo y actuar mejor en relación a este. La empatía se refiere al hecho de que una persona le sea posible entender al otro desde su perspectiva. Es como ponerse en los zapatos del otro o más bien ponerse en el lugar del otro sin juzgar, sino más bien tratando de entender la situación y el componente emocional que experimenta la persona que se encuentra en dicha situación.

Recuerda: si aprendes a ponerte en mis zapatos quizás yo aprenda a ponerme en los tuyos.

Algo así fue lo que me explicaron a mí. Suena algo fácil ¿verdad?; pero en realidad no lo es porque ustedes no están acostumbrados a tratar de entendernos. Esto quizás, por diferentes factores, por ejemplo: porque no tuvieron la suerte de que mis abuelos, o sea, sus padres procuraran entenderlos y ponerse en su lugar o quizás porque entienden que existen diferencias dramáticas entre lo que es la vida de un niño versus la vida de un adulto. Incluso porque simplemente no consideras que sea necesario el hacerlo porque quizás entiendas que sea una tontería y no es para tanto. Entiende que voy entonces a necesitar que de vez en cuando te pongas en mi lugar y entiendas que quizás la visión de niño no es similar a la del adulto, pero tiene tanta importancia como la de ustedes. Al hacerlo de esta forma me llevas un mensaje sumamente importante: que yo soy importante para ti y lo que me suceda, piense y sienta también es muy importante para ti.

¿Cuándo te pido que te pongas en mi lugar? En realidad, cuando te sea posible, pero si es posible que sea más a menudo te lo agradeceré. ¿Cómo puedes hacerlo? Imagínate que tengo un trabajo que hacer y yo pienso que es muy difícil y te digo que no puedo. En ese momento no me grites y me exijas que lo haga de inmediato, solo dame aliento, ínstame a hacerlo desde la idea clara y segura de que confías en que puedo hacerlo y que crees en mí. Imagínate además que estoy sacando bajas calificaciones en la escuela, muy bajas y de pronto me dices que soy un bruto, que me voy a colgar y los otros niños se van a burlar de mí. Bueno, quizás dirás que jamás me has dicho que soy un bruto, pero sí que me voy a colgar. Sería mejor que me preguntaras lo que me pasa. A lo mejor mi mejor amiga me dejó de hablar, quizás ha fallecido alguien importante para mí y yo lo manifiesto dejando de prestar atención a la clase, a lo mejor el proceso de duelo por no hablarlo se ha complicado y se ha convertido en una depresión. Solo te pido que me entiendas, que me escuches, que quizás me ofrezcas alternativas para manejar la situación. Te pido que si es necesario estudies conmigo, o me animes constantemente a hacerlo en lo que me recupero y vuelvo a tomar impulso. Solo te pido que te pongas en mi lugar y me comprendas.

Imagínate otra situación en la que a lo mejor he tratado de hacer algo para sorprenderte y por alguna razón desconocida, me ha quedado incorrecto. Y de momento tú salgas, me pegues cuatro gritos y un regaño, yo te mire algo así como con ojitos de carnero degollado, encogido de hombros y piense: *me fastidié*. Nuevamente, trata de observar la intención detrás de la acción e instarme a que lo intente de nuevo, pero esta vez de la manera correcta o simplemente que lo intente hasta que logre el resultado que yo esperaba.

Otro ejemplo: imagínate que estoy tratando de pasar una tabla en un juego de vídeo y de momento ves el control volando por los aires y yo levantándome con coraje. Nuevamente me pegas cuatro gritos y me dices que sea la última vez que haga eso, que yo nunca se hacer las cosas y que no tengo ningún derecho para actuar así. Ahí te pido, que por favor reconozcas lo que probablemente es frustración al quizás intentar pasar la tabla por quinta vez de manera fallida o no entenderla. Déjame saber que puedes entender mi frustración, pero que es necesario buscar otras alternativas para manejar la misma y que de todas maneras estas ahí para ayudarme. Déjame saber que puedo dar una vuelta y coger un poco de aire o quizás darme un baño y después lo puedo volver a intentar. Recuerda ponerte en mi lugar.

Puntos importantes

1. Demuéstrame empatía.
2. La empatía se refiere al hecho de que una persona le sea posible entender al otro desde su punto de vista.
3. Escúchame.
4. Dame ánimo.

Posibles beneficios

1. Al hacerlo me llevas un mensaje sumamente importante, que yo soy importante para ti y lo que me suceda, piense y sienta también es muy importante para ti.
2. Me ayudas a hacer lo mismo, poniéndome yo en el lugar de otros.
3. Me enseñas a escuchar los puntos de vista de los demás.
4. A tratar de entender por qué piensan así.

Capítulo **24**

No soy un soldadito de plomo sino un niño con mucha curiosidad ante el mundo que me rodea, lo nuevo, lo que no entiendo…

Por eso te preguntaré constantemente por qué y en ocasiones parecerá que estoy cuestionando lo que me dices, pero no es así, solo quiero entender mejor lo que veo a mi alrededor. Además, sabes que tendré muchos deseos de tocarlo todo por lo que es posible que si estoy en la casa y comenzando a caminar muestre mi intención firme de meter mis deditos en el conector de electricidad. De igual manera, cuando esté caminando a tu lado por la tienda quizás trate de agarrar con mis manos algún producto. No deseo romperlo, sino verlo mejor, más cerca, tal y como tú lo haces a veces.

Recuerda que siempre estaré imitándote y te he visto tomar cosas que quieres ver mejor aunque no te las vayas a llevar. Así que yo haré lo mismo para satisfacer mi curiosidad. Recuerda además, que los colores y las formas me han de llamar mucho la atención. Para mí resulta muy interesante por lo que es probable que siempre esté mirando, tocando y preguntando. Claro, ya sé, quizás se me caiga algo cuando lo coja. Es que todavía estoy afinando la coordinación de mis manos. No es que sea torpe o bruto por eso, porque a cualquiera se le puede caer algo… ¿verdad? Y supongo que ellos no lo son cuando les sucede. Recuerda que no deseas lacerar mi autoestima diciéndome semejante calificativo para un niño como yo. Otro ejemplo de esto puede ser cuando de momento he estado un tanto silencioso y

Recuerda: Soy curioso, es parte de mi aprendizaje.

Los juegos infantiles no son tales juegos, sino sus más serias actividades.
Michel de Montaigne

escuchas un torrente de agua como cuando escuchas el agua que sale de una fuente que sube y luego baja mojando todo a su paso y lo mejor, yo estoy justo debajo con una sonrisa incriminatoria diciéndote "mira mamá el chorro, ¡qué grande! Viste mamá, hice llover". No, no es una fuente que compraste nueva, es el bidet que he abierto en el baño, porque me pareció curioso averiguar cómo funcionaba eso. ¿Me explicas?

> *Recuerda: ¡Puedo tener una creatividad inmensa!*

La mamá que no necesito haría:
1. Gritarme fuertemente y regañarme de una manera que me dé miedo.
2. Pegarme. ¿A caso estarías dispuesta a enseñarme a reaccionar con violencia ante todo? Y después esperas que "me comporte".

La mamá que necesito:
1. Me miraría, respiraría profundo y me enseñaría cómo abrir el grifo correctamente. Se echaría a reír con mi ocurrencia. Me hablaría de las consecuencias.
2. Me diría: "ven vamos a secar y limpiar todo esto". No existe nada mejor que enseñarme a limpiar cuando he hecho un pequeño desastre…créeme no se me va a olvidar lo desagradable que es limpiar después de que he hecho algo que me parecía tan divertido.

Recuerda además, que es probable que tenga una creatividad increíble, por eso en ocasiones haré cosas que pueden llevarte a dos extremos emocionales muy fuertes. Podrías desarrollar un deseo incontenible de gritarme algo como "mira muchacho…" O podrías tener la fuerte necesidad de echarte a reír a carcajadas con alguna de mis creativas ocurrencias. Como por ejemplo mamá, cuando me senté en silencio frente al espejo con toda tu cartera de maquillajes y comencé a pintarme toda la cara. Deseaba parecerme a ti, solo que en el proceso se me partió tu lápiz de labio favorito y tú me agarraste con las manitos en el lápiz. "¡Ups…no fue mi intención! ¡Espero no te

> *El sentido del humor y la paciencia tienen que figurar en tu mochila de vida al momento de ser padre.*

molestes conmigo y sí te eches a reír! Recuerda que te admiro y quiero ser como tú. Y para que veas que puedo ser creativo desde bebé… ¿papá, qué te parece el momento cuando estabas poniendo un portón de seguridad para mí en la cocina? ¿Te acuerdas? Yo estaba afuera de la cocina con mamá esperando que lo instalaras y justo cuando terminas poniendo el cerrojo… ¡sorpresa… mírame estoy del otro lado del portón! Es que he podido burlar la seguridad pasando debajo del gabinete para cruzar al otro lado. ¡Tardaste una media hora en poner el portón luego de medir, taladrar, fijar y pues, en menos de un minuto lo has quitado luego de reírte y observar asombrado que nueve meses de vida pueden burlar 36 años de experiencia!"

En resumen: buscaré la manera de ser creativo para divertirme y aprender, por lo que no me comportaré como un soldadito de plomo que se quede mirando a que la vida pase. Así que, procura divertirte y reírte en el proceso tal y como lo haré yo. Es más fácil para los dos si decidimos reírnos juntos de lo que nos pasa y de lo que vemos por ahí. Además, resulta mucho más divertido así. Recuerda, soy niño, soy divertido, creativo y con mucha imaginación para dejarla salir libremente y lograr todo lo que se me ocurra.

Puntos importantes

1. En ocasiones parecerá que estoy cuestionando lo que me dices, pero no es así, solo quiero entender mejor lo que veo a mi alrededor.
2. Tendré muchos deseos de tocarlo todo para entender mejor lo que es y capturar su forma con la sensación en mis dedos. ¿Te has detenido a tocar el rostro de mamá con tus ojos cerrados mientras lo palpas con tus manos?
3. Es probable que tenga una creatividad increíble, por eso en ocasiones haré cosas que pueden llevarte a dos extremos emocionales muy fuertes, tener un deseo incontenible de gritarme o tener la fuerte necesidad de echarte a reír a carcajadas. ¡Espero sea la segunda!
4. Recuerda que te admiro y quiero ser como tú, ¡una versión mejorada!
5. Buscaré la manera de ser creativo para divertirme y aprender, por lo que no me comportaré como un soldadito de plomo que se quede mirando a que la vida pase.

Posibles beneficios

1. Iniciativa
2. Creatividad
3. Espontaneidad
4. Independencia
5. Seguridad en mí

Capítulo **25**

¡Atiéndeme, diviértete conmigo!

Te has preguntado alguna vez por qué te interrumpo tanto, por qué te agarro del pantalón o por qué, en ocasiones, hago un desastre en la casa. Quizás porque de alguna manera u otra te estoy dejando saber que necesito tu atención. ¡Sí, así es, es que necesito tu atención desesperadamente! No me digas que tú me atiendes porque me haces la comida, me cuidas y haces las tareas conmigo porque no se trata de ese tipo de atención solamente. Tampoco me digas que eres un padre excepcional porque me compras la ropa, me pagas la educación y la comida y me cuidas cuando estoy enfermo porque de ser así creo que se te olvida algo.

Tus niños necesitan tu amor, no tu dinero.

Se trata además de que te diviertas conmigo, que juegues conmigo porque soy un niño que también le gusta jugar y divertirse.

Si no, ¿para qué me tuviste? ¿Acaso porque la sociedad te dice que debes ser madre o padre porque sino no has cumplido con tu rol en la vida o porque realmente deseabas que viniera al mundo para acurrucarme, cuidarme y verme crecer? Claro, tenemos que ser honestos, si fue por la segunda recuerda que soy un niño, pero que con el tiempo sigo creciendo por lo que te pido que no hagas como hace la mayoría de los adultos con las mascotas cuando las compran bebés. De momento, muy bonitos, quieren pasar todo el tiempo con ellos, son una chulería y se los llevan para todos sitios. Por ejemplo, los perritos, cuando van creciendo ya no resultan tan lindos porque,

Recuerda: Yo me portaría mejor, si me prestaras más atención.

como dicen, han perdido la gracia y los empiezan a dejar de lado, ya no juegan con ellos y hasta les pesa atenderlos, entonces ya no duermen dentro de la casa sino en la marquesina o el patio. ¿Acaso no te has dado cuenta que pasa lo mismo con nosotros los niños? Claro, por suerte a mí no me ponen a dormir en el patio. Cuando uno es bebé todo es una chulería todo el mundo nos quiere cargar y cuidar.

Tú estás constantemente velando por uno, que no me pase nada, que no me falte nada, me das mucho afecto, muchas caricias y muchos juegos, pero según voy creciendo voy perdiendo esa gracia como la pierden los cachorritos cuando crecen. Me voy haciendo más independiente y tú me vas dejando un poco más de lado porque tienes que atender otras cosas. Ya sé, comprendo que tienes que trabajar, mantener la casa, cuidar tu relación de pareja y cuidar de ti, pero eso no implica que solo me atiendas en cuanto a comida, ropa y estudios.

Es necesario que entiendas algo vital; soy un niño y necesito diversión, necesito jugar, pero quiero hacerlo contigo y me encantaría que me atendieras. Saca un rato para jugar conmigo cualquier cosa que me guste a mí, no necesariamente a ti. Y por favor no te pongas tímido en cuanto a que no sabes cómo hacerlo. Claro que sí sabes, porque fuiste niño alguna vez y debes tener mucha imaginación, sino aprendemos juntos.

Acaso, ¿no te has puesto a pensar que mediante el juego es la mejor manera que tienes para enseñarme un sinnúmero de cosas? ¿Te has preguntado por qué cuando los padres llevan a sus hijos al psicólogo estos utilizan juego con ellos? Es sencillo, porque es la mejor manera que nosotros tenemos de aprender. Es una forma divertida y entretenida. Entonces si me dedicas tiempo haciendo lo que más me gusta: jugar, pues también puedes enseñarme varias cosas que más adelante me serán muy útiles en mi vida y el desarrollo de mi comportamiento. Por ejemplo, mediante el juego me puedes enseñar a esperar mi turno, seguir instrucciones, manejar la frustración y trabajar en equipo, entre otras.

Tu tiempo es tu mejor regalo para tu hijo porque le regala memorias eternas.

¿Has considerado que si dedicas media hora diaria para jugar conmigo es muy probable que disminuyan los comportamientos inadecuados para buscar tu atención? Si me atiendes diariamente mediante el juego quizás disminuirán mis motivos para hacer una perreta o rabieta que logre tu atención. Además, aprenderé a verte no solo como la figura de autoridad que dice cómo se tienen que hacer las cosas sino también como la persona que de manera justa puede pasar un rato agradable conmigo. Serás la persona que me deja saber mediante el juego que le gusta mi presencia en la casa y el haberme traído al mundo.

Entre las cosas que podemos hacer para divertirnos se encuentran: jugar cartas, jugar algún juego de mesa, que juegues a esconder conmigo por toda la casa, que colorees conmigo, que juegues con una bola de voleibol o balompié conmigo, que nos metamos juntos a la piscina y juguemos a los tiburones, que me enseñes a jugar a la peregrina, que estés dispuesto a jugar a las muñecas, doctor o maestros conmigo, que vayamos a la playa juntos y me entierres en la arena y te dejes enterrar, que hagamos un castillo de arena o un hoyo gigante para que justo cuando esté listo se llene de agua y tengamos que volver a empezar, que corras bicicleta conmigo (no que te sientes y me mires), que me empujes en los columpios o juguemos en el sube y baja, ¡claro que con tu tamaño probablemente me quede arriba y necesite una escalera para bajar! Que cantemos una canción, que bailemos juntos, que hagamos galletitas, que juguemos a los monstruos, que me dejes maquillarte o peinarte, entre otras. Te ofrecí muchas opciones. Lo importante es que seas creativo.

Comparte con tu niño una actividad divertida hoy y será un recuerdo que siempre perdurará.

Puntos importantes

1. Es momento de diversión, no de discusión.
2. No me digas que tú me atiendes porque me haces la comida, me cuidas y haces las tareas conmigo, porque no se trata de ese tipo de atención solamente.
3. Soy un niño y necesito diversión, necesito jugar, pero quiero hacerlo contigo.
4. No te pongas tímido en cuanto a que no sabes cómo hacerlo, debes tener mucha imaginación, y si no aprendemos juntos.
5. El juego es la mejor manera que tengo para aprender y que tú tienes para enseñarme.
6. Considera que si dedicas media hora diaria para jugar conmigo es muy probable que disminuyan los comportamientos inadecuados para buscar tu atención.

Posibles beneficios

1. ¡Diversión en conjunto!
2. Espontaneidad.
3. Sentido de complicidad entre nosotros.
4. Mejor interacción.
5. Modelaje, ya que puedo observar cómo actúas o reaccionas ante las situaciones del juego.
6. Menos garatas.
7. Aprendes a entenderme mejor y ver cómo funciono.

Capítulo **26**

Respeta mi estilo

Hay ocasiones en las que quizás consideres que me comporto un tanto latoso y que no deseo hacer las cosas como me dices o me rehúso a comportarme de una manera en particular. La pregunta importante quizás sea, ¿qué está sucediendo?, ¿por qué me comporto así? Has considerado qué podría estar tratando de definir mi estilo, mi forma de comportarme ante las diferentes situaciones que se me presentan. Quizás no lo quiero hacer como tú deseas que lo realice o como lo realiza mi hermana, sino más bien como yo realmente deseo realizarlo.

Me explico, quizás tú has determinado que debo tener un cesto de ropa sucia con tapa dentro del armario. Sin embargo, yo he identificado que eso de abrir la puerta del armario, doblarme con una mano levantar la tapa del cesto de ropa y con la otra tirar la ropa sucia en el mismo es realmente mucho trabajo. Por tal motivo, en muchas ocasiones o abro el armario y la tiro encima de la tapa o simplemente la dejo tirada en la esquina del cuarto. Claro

Recuerda: si aprendes a aceptar mi estilo, aprendes a aceptarme a mí.

que un día vino la luz a mis ojos y pensé: si pongo el cesto sin la tapa en la esquina del cuarto lo puedo convertir en un canasto y así la tiro sin problema donde va. De esta forma empecé a realizarlo. Sin embargo, tú te asomas molesta sin preguntar por lógica y entendimiento ninguno de mi necesidad o idea para resolver el dilema, me instruyes fuertemente que debo poner el cesto con su tapa dentro del armario y allí tirar la ropa sucia. Parece totalmente razonable para ti, pero quizás para mí no lo es. Lo peor es que no me has tomado en consideración y has descartado mi estilo que quizás a ti no te afectaba negativamente ya que tú no utilizas ese cuarto. Tampoco has considerado que probablemente comience a afectarte una vez se inicien las batallas porque dejo la ropa sucia tirada en el piso y no en la cesta de ropa sucia. Yo que estaba utilizando mi imaginación pensando que soy una estrella de baloncesto y tú frustrando mi sueño...

Claro que ese es un ejemplo sencillo, pasemos a otro. Imagínate que soy nena y tengo una hermana quizás un año menor que yo y a ella le gusta vestirse con faldas, trajes y zapatillas, sin embargo yo prefiero las blusitas bonitas y los pantalones con tenis y tú te la pasas constantemente criticándome diciendo que debería ser como mi hermana que utiliza faldas y trajes y dejar de vestirme como los nenes, con pantalones. Pregunto: ¿acaso porque seamos hermanas ello implica que debemos vestirnos de una manera similar y gustarnos lo mismo o es posible reconocer nuestra individualidad e independencia de criterio? Has considerado si comentarios como los que realizas podrían (1) enviar el mensaje de que no me aceptas tal y como soy (2) dañar mi autoestima.

¿Seguimos con los ejemplos? Claro que sí, ya que a mayor cantidad, mejor podrás entenderme. Imagínate que estoy en la escuela y que comparto con otros niños, pero tan solo con algunos pocos mantengo más afinidad e intercambio de tiempo y tú te molestas e impacientas porque dices que casi no tengo amigos y que no los traigo a la casa o no comparto tanto con ellos. Dices que soy muy tímido. Creo que para empezar has cometido un error porque el que tenga pocos amigos, pero buenos, no es precisamente sinónimo de timidez, sino de que quizás sea introvertido. Además, el que así lo sea no representa para mí un problema sino para ti que estás preocupándote innecesariamente por mi estilo. Recuerda que no necesariamente más cantidad implica mejor calidad, por el contrario. Así que te propongo que aceptes que, en efecto, tengo menos amigos, pero son confiables para mí y yo me siento cómodo. Además, te explico que la timidez resulta en un comportamiento que hace una persona de no atreverse a realizar un sinnúmero de actividades por miedo a lo que puedan pensar de él/ella o que no le salga, no el que haya elegido menos amigos.

Enséñale a tu niño a no depender de ti y tendrás un adulto seguro de sí.

Otro ejemplo de estilos diferentes podría ser el que quizás tú seas bueno en los deportes, los disfrutes y te gusten; pero yo prefiera las artes, algo así como tocar algún instrumento musical o quizás me desarrolle en el dibujo. Claro hasta ahí no existe ningún problema. La dificultad habrá de comenzar si tú no lo aceptas porque deseabas que fuese como tú, una copia al carbón tuya y no logras recordar que aunque me hayas transmitido 23 cromosomas que te representan, estos se unieron a otros 23 para hacer una persona nueva. Otra vez mi primo con su clase… Así que no soy igual a ti y, por consiguiente, no habré de comportarme igual ni habrá de gustarme o llamarme la atención las mismas cosas que a ti te llaman la atención. Entonces, qué te parece si vienes acá, me das un enorme abrazo, te me quedas mirando admirado de tu obra y piensas en silencio: ¡Qué suerte que salió una versión mejorada! Tengo lo mejor de ti y lo mejor de mamá. Una combinación perfecta que funciona para mí. ¿Podrías aceptarme así? ¿Puedes convivir conmigo tal y como soy sin querer cambiarme? Yo no deseo cambiarte. Espero tu tampoco. Recuerda aceptarme tal y como soy porque si lo haces de esa manera me sentiré mejor.

Puntos importantes

1. Quizás no lo quiero hacer como tú deseas que lo realice o como lo realiza mi hermano(a), sino más bien como yo realmente deseo realizarlo.
2. Reconocer nuestra individualidad e independencia de criterio.
3. Existe una diferencia dramática entre lo que es timidez vs comportamiento introvertido: la timidez es algo así como el comportamiento que hace una persona de no atreverse a realizar un sinnúmero de actividades por miedo a lo que puedan pensar de él/ella o que no le salga, no el que haya elegido menos amigos. El comportamiento introvertido implica discreción entorno a la información que comparte acerca de su vida y con quien la comparte.
4. Aunque me hayas transmitido 23 cromosomas que te representan estos se unieron a otros 23 para hacer una persona nueva, por lo que no soy igual a ti mamá ni a ti papá, ¡soy YO!

Posibles Beneficios

1. Promueves una autoestima saludable.
2. Promueves mi sentido de independencia.
3. Habrá menos discusiones innecesarias.
4. Promueves mi sentido de identidad propia.
5. Me aceptas tal y como soy.

Capítulo **27**

Evita las críticas

Sabías que uno de los peores errores que nosotros los seres humanos cometemos constantemente es criticar todo lo que nos rodea y peor aún criticar a los demás. Es por eso que te pido que evites las críticas por lo menos hacia mi persona. Ahora bien, ¿qué es eso de crítica? Pues de acuerdo con el diccionario Larousse: "es la opinión formal que haces acerca de algo con una connotación de sentencia."

Tener una opinión acerca de las cosas no resulta inadecuado. Sin embargo, la connotación de sentencia y de dejarle saber al otro que lo está haciendo "mal" según tu punto de vista, sin siquiera evaluar el punto de vista del otro eso sí sería incorrecto.

Recuerda: ¿por qué me criticas; acaso no me quieres?

Además, no estarías entendiendo que existe la diversidad por lo que puede haber diversas opiniones o formas de ejecutar las cosas y no por ello estén mal. Evita criticarme porque con ellas en realidad no me enseñas nada bueno, sin embargo, me enseñas que no me aceptas como soy. Está bien que desees hacer o que se desempeñen las cosas de una manera en particular, pero esa es tu forma y no porque sea tuya necesariamente está correcta. Y una crítica tiende a denotar precisamente la connotación de incorrecto. Entonces, ¿qué me enseñarías? Aparte de que no me aceptas como soy, pues me enseñarías además a criticar y señalar a todos y tampoco aceptarlos tal y como son.

Los niños necesitan modelos más que críticos.
Joseph Joubert

Por otro lado, me estarías enseñando a pasar juicio constante sobre las acciones de los demás y peor aún, a quizás no vivir mi vida sino pretender vivir la de los otros. No, no te sorprendas pues es así y lo peor es que esto se convierte en una gran cadena de consecuencias que se transmite de persona a persona y, al final, no vivimos felices.

Entendido esto, ¿qué te pido que hagas? Pues que no me critiques. ¿Cómo se hace eso? Solo déjame ser yo. Si deseas algo de una manera particular en el hogar o dentro de lo que a ti respecta, pues solo déjamelo saber. Déjame saber que tú deseas o te sentirías más cómodo con que eso se pudiera realizar de esa manera. Eso me haría saber que no necesariamente lo que estoy haciendo está "mal", solo que tú preferirías que se realizara de otra forma.

Sé que no es fácil lo que te estoy pidiendo, en primer lugar porque vivimos en un mundo en donde nos enseñan a ver lo negativo y en segundo lugar porque quizás piensas que por ser mi padre/madre tienes todo el derecho de exigirme cómo debo hacer las cosas. Por favor, toma en consideración que el cómo lo digas puede afectar significativamente nuestra relación y la forma en que me relacione con las personas que me rodean.

Puntos importantes

1. Según el diccionario Larousse: "Una crítica es la opinión formal que haces acerca de algo con una connotación de sentencia."
2. Es necesario evaluar la perspectiva del otro y entender que existe la diversidad. Puede haber diversas opiniones o formas de ejecutar las cosas y no por ello estén "mal".
3. Cuando me criticas, me enseñas que no me aceptas como soy.
4. Déjame saber qué tú deseas o te sentirías más cómodo con que eso se pudiera realizar de esa manera, no que estoy "mal" por hacerlo así.

Posibles beneficios

1. Una persona más segura de sí.
2. Una persona dispuesta a intentar cosas nuevas o iniciar actividades sin tener miedo de que le digan que está "mal".
3. Enseñarme que existe la diversidad y eso es lo que nos permite disfrutar todo lo que tenemos hoy.
4. Evitas el perpetuar la negatividad en nuestra sociedad.

Capítulo **28**

Autoestima

Según el diccionario Larousse, la autoestima se define como: "la consideración, aprecio o valoración de uno mismo." Es lo que yo piense de mí.

Basándonos en dicho punto debemos entender que para mantener una buena autoestima resulta importante observar las cosas positivas que presenta nuestra persona y ser realistas en torno a las ideas que tenemos de nosotros mismos y de nuestras capacidades. Resulta importante que desde temprana edad me ayudes en el desarrollo y/o promoción de una autoestima saludable. Esto lo puedes poner en práctica al entender que durante el período de nuestra niñez se da más bien un proceso de ensayo y error en el que intento realizar el acto un sinnúmero de ocasiones antes de lograr llevar a cabo la tarea de una manera efectiva. De esta forma puedo ir aprendiendo acerca de mis propias capacidades y las habilidades o destrezas con las que cuento para desarrollar dicha tarea.

Recuerda: si refuerzas más lo positivo en mí me ayudarás a promover mi autoestima.

Es necesario que tomes en consideración que, en ocasiones mi pensamiento pueda ser uno relacionado con que si me fue imposible lograr algo en el momento, más adelante tampoco he de lograrlo. Quizás porque me vaya a una visión de túnel un tanto catastrófica. Por eso, resulta sumamente importante el que puedas involucrarte en el desarrollo adecuado de mi percepción a través de la identificación de pensamientos negativos que pueda tener acerca de mí en las áreas ya sea de perfeccionismo, apariencia, habilidades, entre otros. De esta forma promoverás el que esté más dispuesto o interesado en integrarme en la solución de problemas y enfrentar los retos que ello conlleva, simplemente porque pensé que lo puedo hacer o que puedo aprender en el proceso.

Cuando observes que te diga una frase como: "no puedo hacer nada bien", "nada me sale", "no puedo", ten en cuenta que podrías estar frente a un niño con problemas de autoestima. Por favor, escúchame con atención, identifica de dónde sale esa frase y guíame en términos positivos acerca de mi persona. Ayúdame a fortalecer mí autoestima, pero dame base y fundamento, hechos concretos que prueben que la frase que estaba utilizando para describirme resulta incorrecta. Utiliza ejemplos que demuestren que soy capaz y que estoy aprendiendo a hacerlo mejor.

Imagínate lo siguiente: de momento estoy estudiando para la clase de matemáticas ya que tengo un examen dentro de dos días. Observas que tanto la libreta como el lápiz han salido volando tal cual fueran jets en el interior de mi cuarto. En ese momento escuchas una frase como: "no me sale, no me va a salir, me voy a colgar en el examen, no sirvo como estudiante". De acuerdo con el concepto de la autoestima, en esos momentos presento una percepción errónea acerca de mi persona que ha trascendido los linderos de la clase de matemáticas y se ha dirigido hacia la generalización y apreciación negativa acerca de mi ejecución como estudiante. Al pensar y decir esto, podría sin querer promover el que en efecto fracase en otras materias ya que estoy teniendo la creencia particular de que no sirvo como estudiante a raíz de un único evento. Es justo ahí donde tú puedes ayudar a cambiar el curso de una autoestima que podría ir en picada, quizás diciéndome algo como: "calma, vamos a tomarnos un jugo y coger un descanso. Tú puedes hacerlo, ya que en otras ocasiones lo has logrado, solo confía en ti, yo confío en ti. Además, tener dificultades en una clase no te hace un mal estudiante solo demuestra que estás en proceso de aprendizaje y quizás necesitemos otras alternativas de estudio." ¡Listo! Si lo dices así, me ayudarás a elevar mi autoestima y adquirir confianza en mí, habrás sembrado una semillita de esperanza.

Recuerda que a cada paso del camino tú puedes ayudarme a fortalecer mi autoestima, pero esto será si refuerzas los pequeños logros. Además, si ves que he caído dime que confías en mí y pídeme que confíe en mí. Déjame saber que lo puedo hacer y que aprenda a ver los aspectos positivos de mi persona y deje de fijarme única y exclusivamente en lo que yo pueda pensar que es una falla. Además, déjame saber que es necesario que también aprecie el camino hacia el resultado y no solamente el resultado final. De esta manera tanto tú como yo tendremos en consideración el esfuerzo que posiblemente al reforzarlo y reconocerlo al final nos lleve al resultado deseado. Recuerda brindarme la oportunidad para intentarlo, que es un proceso, que me va a tomar tiempo y si no sale como el resultado esperado, déjame saber que lo puedo intentar de nuevo instándome de una manera positiva. Esto permitirá que pueda ir mejorando y fortaleciendo mi autoestima, además me permitirá desarrollar las habilidades que pueda tener o necesitar para ejecutar una tarea. Recuerda permitir que sea yo quien ejecute la tarea y no te desesperes por hacerlo tú ya que si lo hicieras, sin querer abonarías el terreno para que yo piense que no puedo hacerlo y por consiguiente que mi autoestima se vea lacerada.

Puntos importantes

1. La autoestima es algo así como lo que yo piense de mí.
2. Resulta importante observar las cosas positivas que presentamos y ser realistas en torno a la percepción que tenemos de nosotros mismos y de nuestras capacidades.
3. Durante el período de nuestra niñez se da más bien un proceso de ensayo y error en el que intento realizar el acto un sinnúmero de ocasiones antes de lograr llevar a cabo la tarea de una manera efectiva.
4. Puedes ayudarme a fortalecer mi autoestima, pero esto será si refuerzas los pequeños logros.

Posibles beneficios

1. Una autoestima saludable.
2. Entender que las fallas son necesarias para aprender a realizar las tareas de diversas formas.
3. Entender que puedo intentarlo las veces que sea necesario hasta que logre eso que me propuse.

Capítulo **29**

Confía en mí, yo puedo

¿Te has dado cuenta que, en ocasiones, los padres tienden a anular el comportamiento de los niños o, por el contrario, promueven su sentido de independencia, creatividad y confianza? Pues así, en ocasiones, eso puede ocurrir de acuerdo con la manera en la que interactúan con sus hijos. Me explico, en ocasiones se anula el comportamiento mediante el sentido de sobreprotección de los padres. Este se observa cuando en muchas ocasiones los padres no les permiten realizar una serie de actividades y/o comportamientos a los niños por temor a que estos puedan verse afectados por la misma. Nosotros los niños entendemos que es necesario el que ustedes estén pendientes de nosotros y nos protejan ante las diferentes situaciones que se pueden presentar en el diario vivir, pero una cosa es proteger y otra sobreproteger. Realmente la línea resulta sumamente fina entre una cosa y la otra; en ocasiones ustedes por un amor excesivo hacia nosotros cruzan la línea provocando nuestra anulación. Por otro lado, también puede darse el caso que te explicaba en un capítulo anterior en el que ustedes se desesperan al ver que no realizamos la tarea de la manera o en la velocidad que ustedes desean y entonces terminan haciéndola por nosotros.

Mejor te doy ejemplos concretos. Imagínate que tengo una amiguita de tres años corriendo con nosotros por la marquesina y de momento esta se resbala y cae en el cemento y su madre que estaba observándola pone rostro de pánico y sale corriendo para levantarla y revisarla. Si lo hiciera así le estaría enseñando lamentablemente que ella no puede levantarse

Recuerda: dame la oportunidad de lograr las cosas por mi propio esfuerzo. Dame la oportunidad de levantarme por mis propios pies.

por sí sola por lo que necesita otra persona para levantarse. Es posible que también le enseñe que es muy grave lo que le ha sucedido por lo cual quizás también la niña entraría en estado de llanto y algo que pudo haber sido resuelto de manera rápida y sin complicaciones termina convirtiéndose en un circo y un detente de la acción que estábamos disfrutando.

Una acción diferente para esta situación la cual podría resultar más efectiva es:

(1) detente y observa a mi amiguita, si ésta no ha recibido un golpe en el rostro,

(2) mantén un rostro de tranquilidad,

(3) observa lo que hace y disfruta al ver que quizás ella evalúa los daños si alguno, se levanta, se sacude y disfruta del juego.

De esta forma le muestras confianza y promueves su sentido de independencia, confianza en que ella sabrá evaluar, levantarse y tener un sentido de independencia al ser autosuficiente y hacerlo por sí sola.

Otro ejemplo puede ser cuando quizás tienes una amiga con su niño de cuatro o cinco años que va a comenzar a bajar la escalera y aunque este se está agarrando del pasamano, lo primero que le dice la madre es: "cuidado que te vas a caer." Quizás el niño ni tan siquiera había considerado la posibilidad de caerse porque confiaba en su destreza para bajar las escaleras; sin embargo, al decirle que se puede caer instaura en él la duda acerca de si lo hace o no adecuadamente. En ese instante puede pasar una de dos circunstancias: (1) que en efecto se caiga porque de un traspié al buscarle para agarrarse de ella o (2) que si logra agarrarse de ella pierda la confianza en sí ya que estaría depositando en su mamá la confianza para realizar la tarea. ¿Qué podría hacer tu amiga? Quizás, observarlo como va bajando las escaleras agarrándose del pasamanos y cuando llegue abajo felicitarlo porque lo ha hecho bien. Tal vez, si le preocupa mucho la situación, puede bajar delante de él. Lo importante es que confíe en las habilidades que va desarrollando su niño día con día y que aprenda a promover de manera positiva el que las mismas se vayan incrementando. Eso es precisamente lo que yo también necesito de ti.

Puntos importantes

1. Se anula el comportamiento mediante el sentido de sobreprotección de ustedes en los cuales en muchas ocasiones no les permiten realizar una serie de actividades y/o comportamientos a los niños por temor a que estos puedan verse afectados por la misma.

Posibles beneficios

1. Mayor sentido de independencia.
2. Menos estrés.
3. Más tiempo para ti al no tener que estar tan pendiente de mí.
4. Mayor sentido de seguridad y deseo para atreverme a hacer las cosas.

Capítulo **30**

Promueve mi inteligencia

Tú dirás: ¿cómo es eso de promover su inteligencia? Pues realmente puede parecer sencillo, pero quizás debido a tus propias limitaciones en cuanto a la confianza, el sentido de sobreprotección excesiva y además tu impaciencia, quizás se haga un poco más compleja la tarea. Ahora bien: ¿qué es la inteligencia? Puede haber diversas definiciones, pero quizás sea "la manera en la cual los individuos resuelven los problemas" de acuerdo con el diccionario de la Real Academia Española.

En el caso de nosotros los niños es necesario reconocer que tanto la exploración como también la experimentación en la cual se observa la manipulación de la gran mayoría de los objetos que nos rodean son necesarias para el desarrollo adecuado de nuestra inteligencia. Además, las repeticiones, interacciones con los demás como los juegos que ejecutamos nos ayudan a desarrollar nuestra inteligencia. Para nosotros resulta sumamente importante entender el mundo que nos rodea, aprender de él y ver su funcionamiento. Sin embargo, esto solo será posible si tú nos lo permites.

Por ejemplo: cuando desarmamos algo no es que estemos rompiendo el juguete como tú piensas. En nuestra mente estamos viendo cómo funciona, para luego volverlo a armar, aunque al final nos sobren piezas. Cuando dibujamos garabatos estamos viendo para qué sirven los crayones, cómo los podemos manipular y cómo también manipulamos nuestras manos para su manejo. Cuando tomamos algo en las manos no es con la intención de romperlo, sino con la intención de sentirlo, quizás palpar su textura, ver su forma, sentir su forma, ver además sus colores y sus detalles desde más cerca.

Es probable que mientras más oportunidades de aprendizaje me brindes a temprana edad mayores sean las probabilidades de que pueda promover y desarrollar mi inteligencia. Y en cuanto a las oportunidades me refiero que me permitas manipular con más libertad lo que tengo en mi entorno para entender, reconocer y agrupar la información en mi cerebro de una manera adecuada. Permíteme y promueve que utilice todos mis sentidos en el aprendizaje y permíteme ser libre en el uso de los mismos ya que al hacerlo así me ayudas a desarrollarme. Entiende que quizás para mí sea más fácil comprender el funcionamiento de las cosas si las puedo manipular o si las tengo cerca o si las puedo sentir o si me permites intentarlo.

Entiende además, que no puedo aprender solamente siendo un mero observador de la vida y como esta me pasa por delante. Yo quiero ser el actor principal de esas escenas aunque tú por tu pesimismo y pensamiento catastrófico exagerado no quieras permitírmelo. No pretendas mantenerme en una cajita de cristal para que no me rompa porque realmente no funciona así. Tampoco pretendas que me quede parado mirando cómo las cosas pasan porque tampoco funciona así. Déjame intentarlo, si fallo pues lo vuelvo a intentar quizás de la misma manera o quizás de una forma diferente que se me ocurra. Déjame intentarlo y volverlo a intentar todas las veces que sean necesarias para mi aprendizaje y el desarrollo de mi inteligencia.

Puntos importantes

1. Inteligencia es la manera en la cual los individuos resuelven los problemas o suplen sus necesidades.
2. Mientras más oportunidades de aprendizaje me brindes a temprana edad mayores serán las probabilidades de que pueda crear las conexiones neurológicas necesarias que me permitan promover y desarrollar mi inteligencia.
3. Permíteme y promueve que utilice todos mis sentidos en el aprendizaje y permíteme ser libre en el uso de los mismos ya que al hacerlo así me ayudas a desarrollarme mejor.

Posibles beneficios

1. Mayor sentido de independencia.
2. Aprendo a resolver problemas.
3. Puedo defenderme mejor.

Capítulo **31**

Cuando me ayudas a convertir las "fallas" en oportunidades para el aprendizaje, me enseñas a ver lo positivo

¿Te has dado cuenta que en muchas ocasiones desperdicias la oportunidad de enseñarme formas positivas de pensar al únicamente observar y señalar lo que, según tú, es una falla o una ausencia de logro? Es necesario que puedas aceptar los errores y enseñarme a ver la oportunidad que tengo, ya que al realizar un error, estoy aprendiendo a hacerlo mejor.

Algunos ejemplos de esto podrían ser: el que saque una calificación de "B" en un proyecto en el que he puesto gran empeño y tú pensabas que obtendría una "A". Si solo te fijas en lo que según tú podría ser una falla, quizás te molestarías al saber que la maestra me ha puesto una "B" en el proyecto. A lo mejor irías a quejarte con la maestra si entendieses que fue injusta en su calificación o quizás me regañarías fuertemente indicándome que de nada valió tanto esfuerzo para obtener al final dicha calificación. De ser así, estarías dejando de observar los aspectos positivos de la situación como lo podrían ser quizás: el conocimiento adicional que he adquirido al buscar información para el proyecto, además ahora sé qué cosas puedo añadir y tener en cuenta al hacer un nuevo proyecto. Quizás hemos podido compartir tiempo juntos si me has ayudado en la realización del mismo o simplemente podrías observar lo responsable que he sido en la búsqueda de información que me ha permitido obtener una "B".

Otro ejemplo, si eres padre o madre de mi amiguito que estaba inscrito en un equipo deportivo el cual tuvo prácticas y jugó durante todo el semestre escolar, eso implica que quizás hiciste varios viajes durante la semana a las prácticas y los diferentes pueblos para llevarlo a participar de los partidos jugados contra diversos equipos. Luego de todo ese trabajo y todas esas horas invertidas, el equipo de mi amiguito perdió. La pregunta es: ¿qué harías tú? ¿Te molestarías porque perdió su equipo y lo regañarías porque según tu criterio él no fue efectivo en su ejecución o lo tomarías como si nada y seguirías tu vida normal observando el lado positivo de la situación? Si decides por la segunda alternativa podrías fijarte en que pudo hacer ejercicio, compartir con otros niños, desarrollar disciplina y responsabilidad, además de adquirir nuevas destrezas que lo ayudarán en otro partido. De igual manera pudiste verlo jugar, conocer a otras madres o padres involucrados, visitar otros pueblos o vecindarios y quizás tener un ratito con él a solas mientras iban en el automóvil. ¡Ojalá te decidas por la segunda opción porque estarías haciendo la diferencia!

De otra parte, imagínate que debo estudiar para un examen de la clase de matemáticas. Por cierto, esa es la clase que menos me gusta. De momento comienzo a pensar cosas como: "me voy a colgar en el examen, va a ser muy difícil para mí, se me va a olvidar, no lo podré hacer". Esto podría traer como consecuencia que entonces al estar nervioso deje de prestar atención adecuada a lo que estoy leyendo, por consiguiente, obtenga una baja calificación en el examen. Ahora bien, esa baja calificación quizás no se deba a que no haya estudiado lo suficiente o a que no sea "bueno" en matemáticas. Es muy probable que la misma se deba a la falta de atención y concentración presentada al momento de contestar el examen debido a la ansiedad que tenía por motivo de tantos pensamientos negativos en mi cabeza.

Recuerda: enséñame que lo que pienso determina mis sentimientos y mi comportamiento.

¿Lo ves? Realmente es muy importante que me enseñes a ver lo positivo y a pensar positivo. Claro, yo sé que quizás eso que sea un tanto difícil para ti si es que por casualidad mis abuelos no te lo enseñaron, pero podríamos intentarlo. Tú lo vas aprendiendo y luego me lo vas enseñando. Ahora, por favor, no me vayas a decir que eso es muy difícil y que dudas mucho que puedas cambiar si ese fuese el caso. Si lo dijeras sería porque precisamente tú también tienes un par de pensamientos negativos en tu mente que promueven en ti un sentido de inseguridad. Por consiguiente, decides no dar el paso y mantenerte igual lo que a su vez estaría provocando que nos hubieses sentenciado a ambos a mantenernos presos de nuestros propios pensamientos negativos.

La pregunta sería: ¿cómo lo puedes hacer? ¿Cómo se cambia algo a lo cual has estado acostumbrado? Quizás de la misma manera que me solicitas que yo haga cambios para tu beneficio y posiblemente no el mío. Puedes realizar pequeños ajustes como, por ejemplo, quizás confiar un poco más en mí en que yo puedo hacer las cosas, que lo puedo intentar. Ahí te pediría en vez de pensar que no podré hacerlo, que se me va a virar o que se me va a caer o que quizás necesito ayuda, en vez de pensar todo eso, piensa mejor que sí puedo. Piensa que es necesario que lo intente por mi cuenta, que si mi vida no está en riesgo bien vale la pena que lo intente varias veces porque a mayor número de intentos, mayor será mi probabilidad de éxito. Piensa que con cada intento me voy fortaleciendo, que con cada intento estoy luchando por demostrarme que yo puedo, piensa que cada intento me inspira para seguir acercándome a lo que me he propuesto como mi meta. Piensa por favor, que eventualmente lo lograré, que al permitirme intentarlo me estás permitiendo ser libre, me permites fortalecer mis alas como la mariposa cuando sale de su capullo. Piensa que es bueno que no me rinda porque eso me ayudará a ser un guerrero, piensa que me haces un regalo si me dices: "yo voy a ti, tú puedes, sigue tratando y lo lograrás". Por favor, no me cojas pena si ves que se me hace difícil o que me caigo, no te desesperes conmigo si ves que me toma tiempo lograrlo, solo respira profundo y confía. Respira profundo y piensa: *él puede, yo voy a él*. Si haces eso nos estarás haciendo un regalo a los dos. Nos enseñas a pensar positivo y a fijarnos en lo positivo, me enseñas a luchar contra lo que podría parecer adverso.

Puntos importantes

1. Es necesario que puedas aceptar los errores y enseñarme a ver la oportunidad que tengo ya que al realizar un error estoy aprendiendo a hacerlo mejor.

Posibles beneficios

1. Mayor sentido de independencia.
2. Más tranquilidad.
3. Ver lo positivo.
4. Confianza
5. Sentido de lucha.

Capítulo **32**

Acéptame como soy

Acéptame como soy ya que si a ti no te gusta que te interrumpan cuando hablas a mí quizás no me gusta que me abraces delante de mis panas. Es mi decisión y mi necesidad establecer esos límites y esas fronteras. Tan solo reconoce que los mismos existen y reconoce que es normal el que yo pueda decir en ocasiones "no".

¿Te has dado cuenta que en muchas ocasiones tengo mi propio criterio o he ido desarrollando mi propio librito acerca de cómo hacer las cosas o simplemente de aquello que me gusta? ¿Sabes por qué es así? Precisamente porque tú me has enseñado a través de tu comportamiento, desde lo que observas, lo que hablas, comes o haces, realmente a través de todo. Entonces a través del tiempo yo voy observando, probando, integrando y descartando según mi necesidad y mi propio criterio. Esto se conoce como la capacidad de elegir aquello que me sea más adecuado de acuerdo con mis necesidades y gustos individuales, o sea, tomo decisiones dentro de las alternativas existentes. ¿Entendiste bien?

La infancia tiene sus propias maneras de ver, pensar y sentir; nada hay más insensato que pretender sustituirlas por las nuestras.
Jean Jacques Rousseau

Mis necesidades, no las tuyas ya que tú decidirás de acuerdo con tus necesidades y lo que a ti te parece adecuado. Yo he de decidir de acuerdo con lo que a mí respecta y me parece adecuado, pero nuevamente, dentro de las alternativas que me sean ofrecidas o que yo pueda proveer dentro de aquellas que sean adecuadas para nuestra familia y nuestras circunstancias.

Recuerda que como te había explicado anteriormente nosotros los niños podemos tomar decisiones dentro de un marco de alternativas variadas establecidas por ti. Sin embargo, recuerda que una cosa es que me brindes alternativas, pero otra muy diferente es la necesidad sobre el reconocer que tengo y he desarrollado gustos distintos a los tuyos. Recuerda que soy un ser único y especial, no una copia al carbón tuya. Eso implica algo muy importante, no fui, no soy, ni seré igual a ti.

Solo soy yo con algunas características similares a las tuyas, pero yo. Esto implica que probablemente, en muchas ocasiones, me agraden cosas que a ti no te gusten o peor aún te escandalicen. ¿Qué puedes hacer ante esta situación? Recuerda que fuiste niño o adolescente igual que yo y que lo mejor es elegir batallas, no tratar de imponer tu criterio y aceptar que somos diferentes. No vayas a pensar que te digo que entres en un silencio eterno sino más bien que no le des tanto color al asunto. Quizás puedes ofrecerme tu opinión, pero como te dije, no trates de imponerte a gran escala porque podría ser peor. Piensa que además probablemente yo esté probando para ver si eso me agrada o no, pero que si haces un escándalo lo que podría pasar como una prueba fugaz quizás se convierta en algo que conlleve más tiempo tan solo por la simple satisfacción de llevarte la contraria o de aferrarme a aquello que yo creo me conviene. Además, podría ser que esté probando tus controles para ver cómo reaccionas ante determinadas situaciones. Así observo si realmente lo que hace un tiempo alardeaste que era tu excelente comportamiento social ahora lo puedes poner en práctica conmigo, si de verdad tienes la madurez necesaria para así hacerlo o, por el contrario, era como dicen por ahí: "capota y pintura". Claro está, es importante que te haga la salvedad que eso solo aplica a situaciones en las que mi salud y seguridad no se encuentren en riesgo, ya que si así fuera será necesario que ejerzas tu mejor criterio para quizás evitar que algo grave pueda sucederme.

Podríamos decir aceptarme o aceptar a los niños cuando quizás les permiten que se pongan un tenis de un color y otra de otro color, algo así como Punky Brewster, la niña de la serie de televisión norteamericana. ¿Te acuerdas? Ella era aceptada tal y como era y era muy feliz así. ¡Quizás no tenemos que ser tan dramáticos! Podría ser por ejemplo, que

> *Permite que tus hijos sean ellos y no una copia incorrecta de ti.*

me permitas poner una camisa de un color que a ti no te guste. Podría ser además, que cuando la niña o niño de tu amiga sea adolescente le permita pintarse las uñas de negro si desea hacerlo así o escuchar música estridente y si descubriera su identidad sexual, pudiera aceptar que a lo mejor tiene una preferencia por el mismo sexo y no intentara cambiarlo/a, sino más bien quisiera entender que sigue siendo su hijo/a solo que con unas preferencias distintas a las suyas.

Ahora bien, ¿cuándo es necesario quizás salir corriendo y tomar acción? Quizás si te has enterado que estoy experimentando con drogas, que mi vida corre peligro o me encuentro en riesgo inminente. Existe una diferencia dramática si ha sido que adquiriste la información de terceras personas o por pura casualidad o si fue que yo mismo te lo he dicho, además será necesario que evalúes la severidad y la continuidad. Me explico; imagínate que supiste por una tercera persona que utilizo drogas continuamente y al preguntarme te indico que no, pero tú observas signos y síntomas que te dicen que sí. Entonces es necesario que tomes acción de inmediato porque es posible que mi vida corra peligro.

Sin embargo, imagínate que quiero compartir contigo el que en una ocasión hace algunos meses probé marihuana, que solo fue en una ocasión y que me di cuenta que no era eso lo que quería, pero que deseaba que lo supieras. ¿Qué harías tú? Darme el sermón versión alargada que hasta tú ya no sabes ni lo que estás diciendo y en el que yo empiezo a hacer un esfuerzo sobrehumano para no bostezar frente a ti y prestarte atención, además de enviarme inmediatamente a realizarme una prueba de dopaje y castigarme un mes completo sin carro, celular, ni ninguna otra forma de comunicación. Piensa con calma, ¿cuál sería tu curso de acción? A partir de esto dependerán muchas circunstancias de vida que transcurran entre nosotros.

Otro curso de acción diferente a tomar podría ser uno en el cual me dejaras saber que te agradaba el que hubiese compartido esa información contigo, ya que así sabías que habíamos desarrollado la confianza suficiente. Además, que tratarás de conocer y/o entender los motivos que me llevaron a probar la sustancia controlada, mis sentimientos relacionados con la situación y lo que aprendí de la experiencia, además de en qué áreas sería necesario que me enfocara en situaciones futuras para prevención ante una circunstancia similar.

Sé que esto que te estoy diciendo suena sencillo en teoría, pero la realidad no es así, porque en la mayoría de los casos ustedes los padres se dejan llevar por las emociones que los arropan en ese instante las cuales pueden integrar la decepción, el coraje, la tristeza y la frustración, entre otras. Al dejarse llevar por este torrente de emociones en ocasiones sus reacciones suelen ser sumamente adversas para uno. En vez de encontrar seguridad, ánimo y apoyo más bien encontramos el verdugo que está dispuesto a ponernos frente al paredón y ejecutarnos; porque para ustedes un acto de esa naturaleza no puede quedar impune. Lo que muy bien pudo haberse convertido en una dinámica de intercambio de ideas y experiencia se convierte entonces en nuestra ejecución inmediata sin derecho a probatoria o a una condena suspendida y sin derecho a expresar nuestros sentimientos e inquietudes acerca de la situación. ¿Te das cuenta? Realmente no resulta nada fácil determinar el momento apropiado para actuar ni la manera de cómo hacerlo. Sin embargo, eso lo aprendes con las experiencias de tus reacciones y las mías al intervenir con mis situaciones de vida.

Por otro lado, recuerda que de la reacción que emitas dependerá, en gran medida, en que en otra ocasión en la que me encuentre en una situación difícil pueda sentirme en la confianza de compartirla contigo ya sea para buscar consuelo, consejo y apoyo. ¡Si me escuchas sin ejecutarme en el proceso podré regresar a ti libremente!

Puntos importantes

1. Reconocen que es normal que yo pueda decir en ocasiones "no".
2. A través del tiempo yo voy observando, probando, integrando y descartando según mi necesidad y mi propio criterio.
3. Recuerda la necesidad existente sobre el reconocer que tengo y he desarrollado gustos distintos a los tuyos.
4. Recuerda que soy un ser único y especial no una copia al carbón tuya.
5. Recuerda que fuiste niño o adolescente igual que yo.
6. Quizás puedes ofrecerme tu opinión; pero no trates de imponerte a gran escala porque podría ser peor.

Capítulo **33**

Aspectos positivos de aceptarme como soy

Existen un sinnúmero de beneficios que se promueven al aceptarme como soy o más bien al brindarme el espacio necesario para definir quién soy conforme con mis necesidades particulares y la visión que voy desarrollando acerca de la vida. Sin embargo, en muchas ocasiones estos beneficios pasan sin ser vistos al ustedes brindarles una mayor importancia al hecho de mantener el poder y el control sobre nosotros. De esta manera incurren en batallas totalmente innecesarias y por demás desgastantes. Entre los beneficios que podemos observar se encuentran: aprender a expresarme libremente con respeto, pero sin miedo a lo que los demás puedan pensar acerca de mí. Ser libre sin tener la necesidad o idea extraña de tener que ocultar mis sentimientos o acciones porque sino habré de ser juzgado y probablemente me sea condicionado el amor o el afecto conforme a las ideas que presente. Entonces habré de aprender algo sumamente importante, que el amor no debe ser condicionado o limitado porque seamos diferentes a lo que esperan de nosotros. Ya que de ser así no nos estarían queriendo a nosotros, sino más bien al ideal que ustedes han creado en relación a lo que ustedes pretenden que seamos nosotros. Eso es algo muy diferente a querernos, ya que eso no es más que egoísmo, porque entonces te quieres tú y lo que tú quieres y no a mí y lo que yo quiero.

Si lograras aceptarme me estarías enseñando entonces a no tener que mendigar el amor ya que entendería que el que me va a querer me debe querer tal y como soy con mis virtudes y mis defectos, con mi aprendizaje constante para ser mejor, no para otro, sino para mí y lo que yo espero de mí. Así además, estaría aprendiendo a vivir para mí y no para lo que digan los demás. Aprendería a vivir conforme con mis necesidades y posibilidades

Recuerda: al aceptarme como soy me enseñas a aceptar a otros como son.

y no de conformidad con las necesidades y las exigencias particulares de aquel que me rodea, que a la larga probablemente piensa en su propio beneficio y no en el beneficio mutuo. Aunque pensara en mi beneficio al querer cambiarme no entendería que trataría de cambiarme de acuerdo a lo que él cree deba ser bueno para mí y no de acuerdo a lo que realmente son mis necesidades y recursos existentes en el momento de mi vida en el que me encuentre.

Me estarías enseñando además, a ser yo y hacer valer mis derechos, defender aquello en lo que creo con firmeza y entusiasmo. Me enseñas a defender mis ideas con el respeto consciente de que el que yo crea en algo particular no significa que el otra tenga que estar de acuerdo, sino más bien entender que son mis ideas y/o creencias. Entonces justo ahí me estarías enseñando algo más, lo maravillosa que es la diversidad social y cultural entendiendo que todos somos diferentes al creer y necesitar cosas distintas. Sin embargo, aprendería que dichas diferencias son saludables y nos permiten coexistir en un mundo divertido al observar y/o experimentar cosas diversas. Entonces entenderíamos que las diferencias no nos alejan, sino que nos alejamos nosotros si entendemos que es incorrecto ser diferentes.

Recuerda entonces que el que yo logre ser un ser social e integrado adecuadamente a la sociedad dependerá en gran medida de que tú me enseñes a formar parte de dicha sociedad con sus similitudes y diferencias entendiendo a la familia como una pequeña sociedad contenida. Será entonces la familia en la que me desarrolle algo así como mi primer ejercicio de laboratorio, el cual si sale de manera adecuada es probable que mi inclusión en la corriente social sea exitosa. Si los confines de la familia en los que me desarrollo son inadecuados probablemente mi inserción social también lo sea. En pocas palabras, gran parte de mi éxito depende de ti.

Capítulo **34**

¿Por qué me condicionas tu amor?

¿Sabes?, en muchas ocasiones me he preguntado por qué me condicionas el amor. En ocasiones, me dices que los padres quieren a los niños que se portan bien. ¿Acaso eso no significa condicionarme tu amor? ¿Debo portarme bien para que me quieras? ¿O sea, que si olvido seguir las reglas o hacer todo lo que me dices me dejarás de querer? Bueno, para ti parecerá algo absurdo ya que quizás no sea esa tu intención, pero recuerda que en este caso las buenas intenciones lamentablemente están cargadas de actos incorrectamente ejecutados. O sea, quizás tu intención sea guiarme y enseñarme a seguir las reglas, pero sin querer terminas enviándome el mensaje incorrecto a través de tus acciones de que solo obtendré el amor y el afecto que necesito si me convierto en una persona dócil y domesticable, o sea, si sigo todo lo que tú me dices.

Recuerda que tú lo ves como una lucha de poder y control o control y dominación ya que es eso lo que te han enseñado, a través del seguimiento de las reglas socialmente establecidas. Sin embargo, yo lo veo como mi crecimiento y aprendizaje a ser una persona individual que aprende día con día a manejar mejor el mundo que le rodea. Además, recuerda que el que en ocasiones no siga las reglas que tú has dispuesto no significa necesariamente que te esté retando. Quizás se me puede haber olvidado seguir las mismas o simplemente me he distraído con la cantidad de estímulos que me rodean. ¿Por qué siempre pensar lo peor y llegar a la conclusión de que yo estoy mal por retarte y que lo hago a propósito? ¿Qué te parece si te reto a algo? Solo quiéreme y demuéstrame tu amor día con día y disciplíname con amor; es probable que así pueda yo seguir tus reglas.

Puntos importantes

1. No me condiciones tu amor a que me porte bien.
2. Ámame a manos llenas de la misma manera que yo te amaré a ti.

Posibles beneficios

1. Limitas el que me convierta en una persona con dependencia emocional.
2. Me siento más seguro.
3. Me veo como una persona más libre.
4. Estaré más dispuesto.

Capítulo 35

Cuando ustedes deciden divorciarse

El proceso de divorcio no resulta en una decisión y mucho menos una situación fácil para ninguna de las partes y eso precisamente me incluye a mí también. De la misma manera que a ustedes les resulta difícil determinar y aceptar que quizás dicha acción sea la más adecuada para todos también me toma tiempo adaptarme a ese nuevo escenario de vida y aprender a convivir con la pérdida en la mayoría de los casos de un padre a tiempo completo. Sí, así es… no te sorprendas porque he dicho pérdida ya que se trata de una, aunque esté vivo y lo pueda ver y/o continuar compartiendo con él o, en el menor de los casos, con ella. De todas formas, resulta en una pérdida ya que el tiempo para compartir se reduce significativamente.

Recuerda: tu relación como pareja no funcionó, pero ambos siguen siendo mis padres. No pretendas que me divorcie de alguno de ustedes.

Claro que el proceso podría complicarse aún más dependiendo de cómo ustedes manejen el proceso de separación y la madurez emocional que puedan presentar ambos al momento de presentarse dicho evento. Les incluyo algunas recomendaciones que les puedo ofrecer por si nos enfrentáramos a ese proceso en un futuro.

1. Recuerden que ustedes desean lo mejor para mí por lo que sus sentimientos acerca de su ruptura de pareja no me deben ser transferidos.
2. Déjenme saber que no soy responsable de la ruptura.
3. Interésense por conocer mis sentimientos acerca de la separación o lo que espero y/o necesito en relación con la misma.
4. No desacrediten a papá o mamá delante de mí. Recuerden que una cosa es cómo se trataron como esposa/o y otra cosa es cómo me

tratan a mí. Recuerden además que no quieren ponerme en el centro de una lucha de lealtades porque yo seré fiel a los dos. Sería muy duro para mí enfrentar el proceso de la pérdida más tener que elegir a quien le soy fiel. Yo los amo a los dos.

5. Si tienen algo que decirle, déjenselo saber directamente. No me utilicen a mí de paloma mensajera.
6. Comuníquense sin que yo esté presente. Recuerden que no necesito estar en medio de una trifulca y menos cuando esta se desata entre dos personas que amo.
7. Por favor, no vayan a fustigarme sobre lo que hago en casa de alguno de ustedes. Es horrible tener que pensar que llega el fin de semana y con él todos los interrogatorios de: ¿qué hiciste?, ¿con quién lo hiciste?, ¿a dónde te llevó?, ¿qué tiene en la casa?, si ya me presentó una nueva persona, si se ve triste o no. Recuerden que mi fin de semana es para disfrutar no para estar de agente espía. Si quieren uno, por favor contrátenlo, pero no me utilicen a mí. Si yo deseo decirles algo, seguro se los diré libre y voluntariamente.
8. Recuerden que yo no soy un arma para causar dolor por lo que no procuren utilizarme como tal con el simple y mero hecho de vengarse de mí papá o de mi mamá porque, de así hacerlo no solo le provocaría daños a él o ella, sino que me los provocarían a mí. Si me aman de verdad, procurarían mantenerme al margen de las situaciones que se produzcan entre ustedes y entenderán que existen otras maneras más adecuadas y correctas para resolverlas sin involucrarme. No se comporten como personas egoístas que se dejan llevar por sus sentimientos de coraje y/o frustración y se olvidan que tienen un hijo que está en el medio y no tiene por qué padecer por sus berrinches.
9. Comuníquense con mi papá o mi mamá directamente para discutir acerca de mis necesidades. Hazlo partícipe en decisiones relevantes a mi persona.
10. Recuerden cumplir las promesas que me hacen, por favor, no me dejen esperando. No es agradable. Para mí ustedes son importantes, además su credibilidad está en juego.

11. Dialoguen acerca de mi disciplina y educación entre otros temas para así tener continuidad en la situación y que ustedes se encuentren sintonizados con un mismo plan de acción para conmigo, así no habré de confundirme.
12. Si tienen una nueva pareja, por favor, no me obliguen a llamarles "papá" o "mamá" porque sabes que solo ustedes son mis padres, no ellos.
13. Denme tiempo para adaptarme a su nueva pareja. Recuerden, ustedes se enamoraron o se desesperaron por él o ella, pero yo no. A mí me tomará un poco más de tiempo.
14. Recuerden, cuando me busquen es para compartir contigo, no para que me dejen cuidando con su pareja. Esa no es la labor de sus parejas sino la de ustedes y yo fui con la ilusión de verlos y compartir con ustedes.
15. Recuerden evaluar con detenimiento cómo su nueva pareja me trata, si es una persona agradable y sincera en todo momento o por el contrario cuando no están presente se transforma en la verdadera persona que es provocándome quizás un daño irreversible a nivel físico o principalmente emocional. Recuerden que sin darse cuenta podrían estar durmiendo con mi peor enemigo. Entonces me estarían protegiendo de las amenazas externas, pero me estarían llevando a vivir como mi peor amenaza.
16. Recuerden que tanto ustedes como la madurez emocional que muestren en relación a la intervención con esta nueva situación de vida se habrá de convertir en un modelo a seguir para mí.

Puntos importantes

1. Ustedes se divorciaron, yo no.
2. No me utilicen para hacerle daño a al otro. Eso sólo me demostraría que son tan egoístas que no les importa mi bienestar por cumplir su sed de venganza.
3. Déjenme saber lo que está pasando y a lo que me voy enfrentar.
4. Déjenme saber que no soy culpable por la ruptura.
5. Déjenme saber que ustedes estarán ahí para mí.
6. ¿Quieren decirle algo? Díselo a él/ella. No soy su paloma mensajera.
7. No me interroguen sobre lo que hice el fin de semana.
8. Dialoguen sobre mí. ¿Cómo pretenden darme la mejor educación y los cuidados si no se ponen de acuerdo?

Posibles beneficios

1. Que el impacto emocional que yo reciba sea menor o más llevadero.
2. Enseñarme que los seres humanos no tienen que matarse porque ya no se quieran.
3. Demostrarme que pueden tener la madurez emocional suficiente para lidiar con situaciones difíciles.
4. Demostrarme que una cosa es no poder vivir como pareja y otra no poder hablarse luego de ella.
5. Que tengo dos padres maravillosos para quienes yo soy importante más allá del dolor que les cause la separación entre ellos.
6. Que no hay que ser enemigos, sino aliados en la crianza de un niño.

Capítulo 36

Papá, mamá: ¿qué tal si se ponen de acuerdo?

Lamentablemente en contadas ocasiones los padres que viven juntos en el hogar y también los que viven separados se ponen de acuerdo acerca de la manera en la que desean criar. Seamos honestos, en muchas ocasiones es un verdadero desastre porque tal y como ustedes están de confundidos y contrariados de igual manera lo estaré yo. Esto al observar que las dos personas que más amamos no tienen ni la menor idea de cómo ponerse de acuerdo para criarnos y educarnos.

Si ustedes están perdidos, definitivamente yo lo estaré aún más. Es difícil observar el desastre que ustedes forman al tratar de imponer el uno al otro estilos de crianza particulares y la forma en la que ustedes entienden deben tratarme. Ustedes se convierten entonces en los actores y nosotros en los espectadores. ¿Saben qué es los peor? Lo que estamos observando no es más que el drama familiar que muchos de nosotros vivimos.

Recuerda: si ustedes no se ponen de acuerdo; ¿cómo pretenden que siga sus instrucciones?

Esto al tener padres que no presentan la madurez emocional necesaria para promover un esfuerzo coordinado para el logro de una crianza efectiva y, por consiguiente, de un ser humano o sea nosotros, competente a nivel social. La pregunta es: ¿si ustedes no lo son, acaso lo podemos ser nosotros?

Recuerden algo por favor: ustedes son el modelo a seguir, por lo que si ustedes no lo saben hacer adecuadamente probablemente nosotros tampoco. Debemos entender que esto de ponerse de acuerdo acerca de cómo criarme no es una tarea fácil ya que intervienen diversos factores en la ecuación. Entre estos factores se encuentran: la manera en que sus padres, o sea, mis abuelos los han criado a ustedes, el momento en que los criaron, las experiencias de vida que han tenido, sus valores, sus hábitos, sus habilidades en relación con su estilo de personalidad particular y seamos honestos, también sus carencias. Todos estos factores habrán de influenciar dramáticamente en la manera en que intervienen con nosotros.

La pregunta adecuada sería: ¿existe una manera correcta de criarnos? La respuesta a esa pregunta muy bien podría ser no. ¿Por qué? Porque no necesariamente lo que le funcione a uno le va a funcionar a otro. Es posible que una amiga de ustedes les diga que deben hacer tal o cual cosa con relación a nosotros y cuando ustedes traten de ponerlo en práctica quizás no les provea el efecto deseado. No existe una varita mágica y como dicen por ahí ninguno de nosotros viene con un manual de instrucciones así que la mayoría de las veces será algo más bien de ensayo y error. ¿Saben? Existen muchos libros que hablan acerca de cómo criarnos y todos ellos pueden tener algunas recomendaciones que resulten adecuadas al momento de intervenir con nosotros. Sin embargo, realmente estará de ustedes poner en práctica dichas recomendaciones, evaluar y descartar aquellas que no funcionen con uno de manera particular.

Dicho esto, y entendiendo que ustedes son diferentes y por consiguiente nosotros también lo somos, debemos comenzar por sentarnos a hablar. Bueno, más bien ustedes deben comenzar por:

1. Sentarse a hablar. Lo ideal sería que lo hicieran antes de que nosotros naciéramos de manera general acerca de diversas áreas de nuestra crianza, pero si no lo han hecho, simplemente háganlo de inmediato.
2. Saquen un tiempo para que puedan hablar ustedes dos solos sin interrupciones de nada ni nadie, incluyéndome.
3. Expongan la necesidad acerca de que desean hablar sobre la forma en la cual les gustaría criarnos y que desean conocer las inquietudes del otro sobre la crianza.
4. Vayan con la mente abierta entendiendo que el foco de atención no son ustedes ni sus luchas internas por el poder y el control, sino que el foco de atención somos nosotros (los niños) y nuestro bienestar. Nosotros somos la prioridad y cómo criarnos de una manera adecuada y beneficiosa para ambos lo debe ser también.

5. Recuerden que no existe una manera correcta de criar, sino diversas alternativas que pueden ser discutidas y acopladas a las creencias de ambos.
6. Eviten imponer su criterio sobre el otro (papá o mamá), escúchense para entenderse y conocer cómo el otro llegó a esa idea y a que se debe que la tenga.
7. Establezcan temas individuales (tipo de educación, compañías, actividades extracurriculares, cuido, enseñanza de valores, protección vs. sobreprotección, etc.)
8. Entiendan que no es posible discutir todos los temas a la vez por lo cual no pretendan hacerlo. Dividan los mismos en diferentes sesiones y días para la discusión. Manténganse discutiendo un solo tema a la vez y no salten entre uno y otro porque si no ninguno podrá ser resuelto.
9. Discutan las diversas alternativas y posturas acerca de ese tema dándose la oportunidad de hablar y escuchar. Recuerden que tal como ustedes me piden a mí que los mire y los escuche cuando me hablan es exactamente lo mismo que harán con mi papá o mamá. ¡¿Verdad?!
10. Eviten criticar a papi o mami al conocer su postura ya que como les había comentado ninguno de los dos está correcto. Los dos pueden tener buenas ideas que me pueden ayudar a ser una mejor persona y además es exactamente eso lo que ustedes desean.
11. Luego de buscar las diversas alternativas vayan entonces a evaluar si es posible ponerlas en práctica en términos de costo beneficio, quién la puede poner en práctica y cuáles son los recursos con los que cuentan para ella, etc.
12. Finalmente, hagan un compromiso de establecer la ejecución de dicho acuerdo y luego de evaluar la efectividad del mismo.
13. Estén abiertos ante la necesidad de modificar y/o cambiar de alternativa al funcionar o no conmigo. Recuerden nuevamente, el que quizás no haya funcionado conmigo no necesariamente implica que la alternativa presentada estaba incorrecta ya que su ineficacia podría deberse también a diversos factores entre estos: el que mi estilo de personalidad no vaya acorde con la alternativa plasmada, el que haya

salido más listo que ustedes, el que la implantación de la misma no haya sido constante, el que uno de ustedes dos haya saboteado el proceso, el que esperen resultados inmediatos y por consiguiente se frustren al no ver un cambio rápidamente y quizás el que hayan elevado sus expectativas de éxito y aunque obtengan resultados positivos, estos no sean los esperados y en vez de alegrarse nuevamente se frustren y lo dejen de hacer, entre otras.

Recuerden entonces que resulta importante que ustedes se puedan poner de acuerdo para mi crianza. Al así hacerlo no solo me resulta más fácil entenderlos, sino que me previene de verme involucrado en un conflicto de lealtades o en creer que los adultos son seres tan complicados que no pueden entenderse por lo que yo tampoco habré de entenderlos. Me permiten así creer que mediante el diálogo todo es posible y que ustedes no están pensando en su propio beneficio, sino en el mío, por lo que asumiré que realmente soy importantes para ustedes, no que su orgullo y vanidad resultan más importante que yo.

Puntos importantes

1. Intervienen diversos factores en la ecuación para ustedes ponerse de acuerdo. Entre estos: la manera en que sus padres los han criado, el momento en que los criaron, las experiencias de vida que han tenido, sus valores, sus hábitos, sus habilidades en relación con su estilo de personalidad particular y sus carencias.
2. No existe una varita mágica, así que, la mayoría de las veces será algo más bien de ensayo y error.
3. No existe una manera correcta de criar, sino diversas alternativas que pueden ser discutidas y acopladas a las creencias de ambos.
4. Siéntense a hablar sobre lo que para ustedes es importante acerca de nuestra crianza.
5. Entiendan que el foco de atención no son ustedes ni sus luchas internas por el poder y el control, sino nosotros (los niños) y nuestro bienestar.
6. Estén abiertos ante la necesidad de modificar y/o cambiar de alternativa si no funciona conmigo.
7. El que quizás no haya funcionado conmigo no necesariamente implica que la alternativa presentada estaba incorrecta ya que su ineficacia podría deberse también a diversos factores.

Posibles beneficios

1. Me resulta más fácil entenderlos.
2. Me previene de verme involucrado en un conflicto de lealtades.
3. Me previene de creer que los adultos son seres tan complicados que no pueden entenderse.
4. Me permiten así creer que mediante el diálogo todo es posible.

Capítulo **37**

¿Sabes tú cómo aprendo mejor?

¿En algún momento te has puesto a pensar cómo aprendo mejor o quizás, en algún momento te has puesto a observarme con detenimiento para descubrir mi estilo de aprendizaje? Probablemente quizás ni tan siquiera lo has tomado en consideración. Resulta muy probable que hayas asumido que solo existe una forma correcta de aprender y/o enseñar y no hayas considerado que tal vez existan otras maneras que resulten más eficientes y/o efectivas.

Pues déjame comentarte que aprendo de maneras diversas a través de las cuales adquiero la información que proceso. Sin embargo, es muy probable que muestre una tendencia particular por un estilo que por otro. Esto implica además que no aprendo de la misma forma ni bajo las mismas condiciones que tú. Incluso puedes observar con mayor detenimiento que aunque mi hermana y yo estemos siendo criados bajo las mismas circunstancias no responderemos igual a los estímulos que se nos presentan. El procesamiento de la información podría ser un tanto diferente en ella y en mí y no por esto

Recuerda: no necesariamente he de aprender mejor de la manera que tú crees.

significar que uno sea más inteligente que el otro. Es necesario comprender que de igual manera presentaré una velocidad diferente a la de mi hermanita en la adquisición y manejo de la información.

Es posible que mi hermanita prefiera estudiar con una buena iluminación, en un ambiente cálido y fresco, donde se hayan disminuido o eliminado ruidos innecesarios y estímulos interesantes. Quizás yo prefiera realizar la tarea escuchando un poco de música. Sin embargo, en este aspecto es necesario comprender que mencioné realizar la tarea mas no así adquirir información. Quizás no pueda recordar la información que pretendía adquirir mientras escuchaba música simultáneamente. Por otro lado, puede haber niños que estudien perfectamente bien sentados sobre la secadora mientras su mamá echa la ropa en la lavadora. Recuerda que no es lo que tú entiendas debe ser la norma, sino más bien lo que realmente funciona para uno.

De otra parte, quizás mi hermanita necesite la ayuda y la guía para realizar las tareas relacionadas con el aprendizaje. Quizá necesite sentir que está más bien en una especie de competencia para adquirir la información en tiempos y/o maneras determinadas previas al comienzo de la actividad. Sin embargo, es posible que yo prefiera estudiar solo sin la presión constante de parte tuya o la observación particular de cómo realizo la actividad y las circunstancias en las cuales las realizo.

Por otro lado, tengo un amiguito que mientras está estudiando necesita moverse por toda el área aprendiéndose o repasando la tarea mientras que otro prefiere estudiar a través del manejo de los objetos que de alguna manera u otra representen la tarea que está estudiando. Mientras, el hermanito menor de mi amigo se le hace más fácil aprender a contar con bloques o figuras que añade o quita según la necesidad, mientras que mi amigo prefiere hacerlo con sus manos o dibujando los números en un papel.

Existen diferentes formas en la manera en que se adquiere y procesa la información. Lo importante es que te puedas dar cuenta de cuál resulta la más apropiada para mí y entiendas algo básico, no lo haré como tú lo haces y mucho menos como mi hermana lo hace. Lo haré como yo entienda es más cómodo para mí, así que por favor, adapta la dinámica de estudio de acuerdo con mi estilo particular de aprendizaje. Comprende que no necesariamente existe una manera correcta para la adquisición de la información, sino más bien diversas formas que muy bien podrían ser útiles para diversos niños. ¡Lo importante es que adquiera la información no lo que estoy haciendo en ese momento para adquirirla! Recuerda que lo podemos hacer de forma divertida. Además, trata de identificar cómo aprendo mejor para que también sea lo adecuado para mí.

Puntos importantes

1. Obsérvame con detenimiento para que descubras mi estilo de aprendizaje.
2. Los individuos no aprenden de la misma forma ni bajo las mismas condiciones.
3. Existen diversos tipos de preferencia, entre estas las ambientales, físicas y sociales, entre otras.
4. Recuerda que no es lo que tú entiendas debe ser la norma. Es más bien lo que realmente funciona para mí.

Posibles beneficios

1. Reconoces mi individualidad.
2. Hay menos discusiones al momento de estudiar.
3. Mayor posibilidad de que se obtenga el resultado deseado.

Capítulo **38**

La muerte y yo ¿cómo me la explicas?

Definitivamente, el tema de la muerte es bastante duro para muchas personas y complicado para hablarlo y enfrentarlo. De hecho, en muchas ocasiones ustedes lo ven como lo peor que ha podido suceder y así nos lo transmiten a nosotros. Sin embargo, ¿existe acaso una manera adecuada para intervenir con este tema? La verdad es que eso va a depender de ti y de mí. Lo importante es recordar que al hablar de la muerte lo hablen de la manera más sincera posible y sin toda la fantasía que a veces ustedes le añaden. Que conste, en este particular no me refiero a la religión a la cual pertenezcan, sino más bien a todos los adornos que le añaden al concepto de la muerte con la intención de "protegernos". ¿Protegernos de qué? Del dolor que ustedes entienden que hemos de padecer o del dolor que ustedes enfrentan al decírnoslo.

Recuerda que al hablar del tema de la muerte con nosotros, conocerás nuestros sentimientos en relación con ella, lo que sabemos y aquello que desconocemos y también nuestras inquietudes. Además, tendrás una oportunidad excelente, pero fuertemente evitada por ti para aclarar dudas sumamente necesarias para mí. Probablemente, al hablarlo conmigo descubras que estoy más consciente de la muerte de lo que tú te puedes imaginar. Así que, por favor no trates de protegerme tanto que al final termines haciéndome daño. Háblalo conmigo de acuerdo con mi nivel de edad, pero háblalo. No des explicaciones demasiados elaboradas que puedan aburrirme, recuerda que mi nivel de atención puede ser bastante corto. Además, recuerda que es normal que no tengas todas las respuestas adecuadas para explicarme. Háblame de la muerte y que el concepto que tenemos de la muerte va cambiando con el tiempo de acuerdo con las costumbres, creencias y nuevas explicaciones. No pretendas hacerlo perfecto, solo dime lo que crees que pasa combinado con lo que sí sabes que pasa, pero que sea lo más cercano a la realidad posible y no la fantasía.

Tengo un amiguito menor que yo, que piensa que los muertos se pueden levantar, que realmente no se mueren. Supongo que eso lo piensan los niños pequeños, porque los niños grandes como yo sabemos que no es así. Yo entiendo que algo que esté vivo hoy puede estar muerto mañana.

Recuerdas el día en que se murió el pez Beta que me regalaste y tú lo lanzaste por las aguas oscuras y turbulentas del inodoro y yo entré en un llanto descontrolado. Recuerdas que me dijiste que no era nada, que ya me comprarías otro. Quizás ese fue tu primer gran error, decirme que no era nada, que me comprarías otro. En esos momentos lo que yo necesitaba era que me entendieras, porque quizás para ti fue otro pez que compraste en la tienda, pero para mí, era mi mascota, mi amiguito para cuando me sentía solito en mi cuarto, el compañero a quien le hablaba en silencio y me escuchaba sin criticar. Entonces, ¿si abuelo se muere, te puedo comprar otro? ¿Existe un sustituto? ¿Debo comprenderte o tratarte de la manera en que tú lo hiciste conmigo? ¿Me vas a decir que no es lo mismo? Para mí es algo parecido, es la muerte, su significado y la intervención que se brinda en torno a esta.

Ahora bien, ¿a qué me refiero con eso de hablarnos de la manera más sincera posible? Si una persona murió sea familiar o quien sea, solo déjame saber que murió. Si yo pregunto qué significa que "murió", entonces dame la explicación de que su cuerpo dejó de trabajar y, por ende, ya no sirve y no podré verlo. Si crees en el alma o el espíritu, pues quizás explícame de una manera sencilla para mí que esa alma o espíritu ahora se encuentra en otro nivel. Por favor, no me digas algo así como que tu abuelo se fue al cielo, porque si no es posible que piense que está con los pajaritos, una nube o pueda pensar que un avión lo puede chocar cuando pase. Tampoco me digas que Dios se lo llevó, porque aunque puede ser una creencia válida, yo lo tomaré literal dependiendo de mi edad y pensaré que si me quito la vida también me puedo ir con Dios y mi abuelito. Peor aún, podría llegar a pensar que Dios me va a venir a buscar en cualquier momento y ya sabes el terror que me va a dar. Además, tampoco deseas que yo desarrolle un cierto grado de resentimiento hacia Dios por llevarse a mi abuelito y no permitirme disfrutar más tiempo con él. Por favor, tampoco me digas algo como "ahora está tranquilo o feliz", porque yo me preguntaré: *¿por qué si él está tranquilo o feliz, mamá está llorando? ¿Acaso él no estaba tranquilo o feliz con nosotros?"* Realmente no tendrá sentido para mí y lo que hará probablemente será confundirme aún más o el que yo llegue a pensar que de alguna manera u otra me estás mintiendo.

No me dejes fuera del proceso de duelo, compártelo conmigo hasta cierto punto ya que de la misma manera que tú necesitas un cierre, quizás yo también lo necesite. O sea, a veces decides no llevarme a la funeraria por entender que no es adecuado para mí y que me puede impresionar, pero ¿acaso eso no es parte del proceso de duelo? Entonces, yo necesito quizás saber que físicamente no está ahí, que en efecto murió, que no me abandonó, o se fue, sino que no está más porque su cuerpo se agotó. Claro, recuerda que eso va a depender de lo que yo necesite y lo que tú entiendas sea prudente. Si decides darme la oportunidad de asistir a los actos fúnebres contigo, recuerda explicarme de una manera sencilla lo que puedo encontrar allí, ya sea el cuerpo de mi ser querido muerto, las personas alrededor llorando o gritando según sea la necesidad de cada cual. Déjame saber que puedo hacerte las preguntas que sean necesarias para entender y que tú estarás ahí para explicarme y acompañarme. Déjame saber además, que si también deseo irme puedo decírtelo en cualquier momento y tú me llevarás con una persona segura que pueda hacerse cargo de mí en ese momento. Entiende además, que de acuerdo con mi edad quizás no procese la muerte de la misma manera en la que tú la procesas y quizás te parezca que actúo un tanto indiferente ante el dolor. En ese sentido evalúa si quizás soy más pequeño y es posible que la vea como algo reversible.

También es importante que al momento de hablarme de la muerte tengas cuidado en términos del mensaje que deseas llevar y lo que yo puedo interpretar al final. Por ejemplo, si yo te pregunto por qué se murió el abuelo y tú me dices que porque estaba enfermo, dependiendo de mi nivel de desarrollo, podría yo llegar a pensar que si me enfermo me puedo morir. Por otro lado, si me dices que porque estaba viejo, podría pensar que todos los viejos se van a morir pronto. Recuerda que es posible que mi nivel de pensamiento sea un tanto concreto así que ten cuidado como me lo tratas de explicar porque podrías ocasionarnos serias dificultades.

Recuerda que es muy importante que auscultes mis sentimientos entorno a la muerte de algún familiar, amigo y una mascota. Porque de la misma manera que tú los experimentas, probablemente yo también los experimente solo que manifestados de una forma distinta. Es normal que en ocasiones experimentemos sentimientos de culpa, coraje, irritabilidad o nos podamos sentir deprimidos. Recuerda que todo esto dependerá en gran medida de acuerdo con lo que pueda estar pensando. También puede ser que presente problemas en el comportamiento como lo son el regreso hacia comportamientos previos.

Recuerda: la manera en que me hables acerca de la muerte podría afectar mi visión acerca de lo que me podría suceder a mí y a los que quiero.

Recuerda, además, que cada uno de nosotros experimenta y manifiesta su sentir hacia la muerte de una manera diferente. Un ejemplo de esto podría ser que de momento comience a orinarme en la cama cuando hace mucho tiempo no lo hacía. En este caso trata de entender mis sentimientos, procura no cancelarlos ni criticarme ante lo que siento o la manera en la que me comporto. Trata de buscar la manera de ayudarme dando tiempo para sanar y expresar libre y abiertamente mis sentimientos. Podrías utilizar el dibujo, la pintura o la música para que promuevas en mí una expresión adecuada de mis sentimientos y de esta manera no permanecer con ellos encerrados.

Puntos importantes

1. Lo importante es recordar que al hablar de la muerte lo hables de la manera más sincera posible y sin toda la fantasía que a veces ustedes le añaden.
2. Al hablar del tema de la muerte conmigo, conocerás mis sentimientos en relación a ella, lo que sé, lo que desconozco y también mis inquietudes.
3. Háblalo conmigo de acuerdo con mi edad, pero háblalo. No des explicaciones demasiado elaboradas que puedan aburrirme.
4. Me puedes explicar mejor la muerte en términos de que su cuerpo dejó de trabajar.
5. Ten mucho cuidado con lo que me dices y cómo me lo dices ya que dependiendo de mi edad quizás yo lo entienda de manera concreta y tu explicación se convierta en una preocupación para mí.
6. No me dejes fuera del proceso de duelo, compártelo conmigo hasta cierto punto ya que de la misma manera que tú necesitas un cierre, quizás yo también lo necesite.

Posibles beneficios

1. Un mejor entendimiento entre nosotros.
2. Quizás me sienta más seguro.
3. Podrías conocer mejor mis sentimientos y yo conocer los tuyos en un momento de dolor.
4. Podríamos experimentar más cercanía.

Capítulo **39**

Cuando alguno de nosotros descubre que es *gay*, ustedes entran en crisis y nosotros también

Debo reconocer que este tema es muy difícil para ustedes. Hace un tiempo escuché en televisión que en Estados Unidos unos padres habían rechazado a su hijo de ocho años porque él les había dicho que era *gay* y que su hermanito estaba haciendo una campaña para que lo aceptaran. De verdad que cuando escuché eso me asusté mucho y hasta me dolió porque pensé: ¿y si eso me hubiese pasado a mí? Qué suerte que yo te tengo a ti y tú me aceptas como soy, pero que será de esos niños que no los aceptan como son. Claro, no me ha pasado algo como eso, no sé cómo tú reaccionarías si me pasara a mí.

Este tema me parece mucho más delicado porque creo que esto les está pasando a más niños y adolescentes de los que uno puede pensar. Tengo una amiguita que me dijo los otros días que ella creía que era *gay* porque de momento había observado que le llamaban la atención las niñas, algo así como que le gustaban. Ella se asustó mucho, no tan solo porque le pudiesen gustar sino también por lo que pudiese pensar su mamá si se lo decía. Creo que de todas formas al final se lo dijo y la mamá le señaló algo como que estaba mal, que ella estaba muy pequeña para saber qué le podía gustar, que se tenía que dar tiempo y que se olvidara de eso. Mi amiguita se sintió muy triste por la contestación que le dio su mamá y me dijo que no valía la pena contarle ese tipo de cosas porque ella no la iba a entender.

Conocí también otro nene, que le dijo a los padres "cuando sea grande me vestiré como una mujer". Yo me sorprendí mucho, es que él me dijo que a él le gustaba utilizar los zapatos de su mamá y maquillarse como su mamá porque su ropa no le gustaba y su mamá le decía que eso no lo podía hacer porque él era un nene y eso era de nena. En otra situación este mismo niño me dijo que él se lo había comentado a su tío que es *gay* y que su tío cuando era adolescente pensó en quitarse la vida porque sabía que sus papás no lo iban a aceptar como él era. Le había sucedido que a medida que iba creciendo se daba cuenta que le llamaban la atención los nenes y no las nenas. Su tío le dijo que fue muy duro para él vivir su adolescencia porque no les podía decir nada a sus padres acerca de su preferencia y que siempre le preguntaban que cuándo traería una novia a la casa y que él decía que después. Él ahora debe tener como unos treinta y tantos años, pero aún no se lo ha dicho a sus padres porque entiende que sus padres lo deben sospechar y como dicen por ahí "lo que se ve, no se pregunta". Hablando de tíos, olvidé decirte que mi tío ha sido de mucha ayuda para escribirte esto. Yo hablo mucho con él y le pregunto cosas. Él ha revisado todo lo que les he escrito.

Ahora la pregunta importante para ustedes los padres es: ¿qué deben hacer si se enteran que su hijo es *gay* o lesbiana? Eso significa que es atraído por personas del mismo sexo. Realmente la respuesta no es precisamente la más fácil de brindar ya que la acción de ustedes dependerá de muchos factores entre estos: sus creencias morales y/o religiosas, sus costumbres, experiencias de vida, sus frustraciones en torno a lo que ustedes esperaban tener en relación con sus hijos (verlos casados con parejas del otro sexo y que tuvieran hijos con estas) y lo que en realidad tienen y además, su temor de que su hijo o hija le pueda suceder algo "malo" por el simple hecho de ser *gay* o lesbiana. Es pensar que se ha de enfrentar a un mundo difícil para las personas que tienen esta inclinación sexual y que sufrirán demasiado en el proceso. Por lo menos, eso es lo que ustedes creen.

Lo primero que pueden hacer es respirar profundo, no entrar en estado de pánico o histeria ya que ustedes no han perdido con su hijo sino lo que ustedes creían que era o tendrían en relación a su hijo. En segundo lugar pueden entender que la seguridad de su hijo va a depender de él y que al ser un adulto ustedes nada pueden hacer para protegerlo sino más bien dejarlo vivir. En tercer lugar, cuando alguno de nosotros les exprese dicho sentimiento, solamente escúchenlo atentamente, no le cuestionen ni le reprochen. Luego déjenle saber que ustedes estarán ahí para él o ella y que ustedes lo aman igual que siempre, además que se encuentran agradecidos de que él o ella haya tenido el deseo y la confianza de compartir esa parte de su vida con ustedes. Luego que terminen de hablar, no se fustiguen con 20 cuestionamientos negativos acerca de qué fue lo que hicieron mal o dónde cometieron el error en la crianza. De acuerdo con las diversas teorías que existen acerca del tema pueden ser muchos los factores que incidan y no uno en específico. Además, fustigarse no los ayuda a entender y aceptar algo básico: que su hijo o hija es atraído por alguien del mismo sexo.

Recuerden además algo muy importante: de la manera que reaccionen puede ayudarlo a adquirir autoconfianza y sentido de seguridad en la vida. Quizás podrían sin querer lacerar su autoestima y promover de alguna manera indirecta que considere la alternativa del suicidio ya que si ustedes que son su mamá o su papá no lo aceptan, entonces qué puede esperar del resto de la sociedad. Hagan la diferencia. Acéptenlo/a y lo/la aceptaremos todos.

Puntos importantes

1. Su reacción dependerá de muchos factores entre estos: sus creencias morales y/o religiosas, sus costumbres, experiencias de vida, sus frustraciones en torno a lo que esperabas tener en relación a su hijo y lo que en realidad tienen y además, su temor de que su hijo o hija le pueda suceder algo "malo" por el simple hecho de ser *gay* o lesbiana.
2. Recuerden que no han perdido a su hijo/a, sino lo que creían que era o tendrían en relación con él/ella.
3. Entender que la seguridad de su hijo/a va a depender de él/ella y que al ser un adulto ustedes nada pueden hacer para protegerlo sino más bien dejarlo vivir.
4. Cuando alguno de ellos les exprese dicho sentimiento, solamente escúchenlo atentamente, no le cuestionen ni le reclamen.
5. Déjenle saber que ustedes estarán ahí para él o ella y que ustedes lo aman igual que siempre.

Posibles beneficios

1. Autoconfianza.
2. Prevenir un suicidio.
3. Más apertura y mejor entendimiento.

Capítulo **40**

Los miedos y las inseguridades que me has creado: La generación del "Cuco"

¿Qué es el miedo? Según pude buscar en el diccionario Larousse: "es un sentimiento de gran inquietud suscitado por algo real o imaginario". ¿Qué es la inseguridad? De acuerdo también con el diccionario Larousse: "es la falta de seguridad sobre la certidumbre en la realización de algo". Dicho esto, la pregunta sería ¿cómo se establecen el miedo y la inseguridad y qué tienen que ver en la relación de ustedes y nosotros? Pues en realidad mucho, ya que en ocasiones tanto los sentimientos de miedo como inseguridad son transmitidos o establecidos por ti hacia mí. Los puedes transmitir de muchas formas y maneras tanto a nivel inconsciente como consciente.

Comencemos por la transmisión inconsciente del miedo e inseguridad. Esa transmisión en ocasiones se puede dar a través de tus propios miedos ya que, tú eres constantemente observado por mí por lo que al ser un modelo a seguir yo estaré copiando lo que haga el modelo. Si tú presentas algún temor demasiado evidente hacia algo es probable que yo también lo pueda presentar al pensar que si mami le tiene miedo es porque es algo malo que puede ocasionarle daño. Pensaría entonces: yo también debo tenerle miedo porque a mí también me podría ocasionar daño.

Un ejemplo de esto puede ser cuando ves un sapo en la entrada de la casa y de momento sales gritando en pánico aleteando las manos, desesperada por entrar a la casa. Yo miro a papá asombrado y él al mirarme sube la ceja y me dice "no le hagas caso, le tiene miedo a los sapos". Hasta cierto punto yo también me siento nervioso quizás al pensar que algo malo pasa y con mi corazoncito latiendo a mil por minuto entro a la casa. Otro ejemplo lo es cuando me ves corriendo por la sala y de repente doy un tropiezo con la mesa por lo que caigo al suelo y tú sales corriendo, de nuevo con la misma cara de terror que pusiste al ver el sapo. En ese instante y sin permitirme decir palabra, haciendo quinientas preguntas por minuto, me coges en los brazos, me revisas, me preguntas si estoy bien, si me pasó algo, me dices que hay que lavarme la herida y ponerme triple antibiótico. Además, me regañas porque según tú, me dices que ya me has dicho antes que no debo estar corriendo en la sala porque algo malo me puede pasar. Ante toda esta conmoción yo estoy llorando, pero no por el rasguño sino más bien por la cara de pánico que pusiste al instante de caerme y todo lo que vino detrás de ella.

Ahora bien, pasemos al establecimiento consciente del miedo y las inseguridades en nosotros. Tú pensarías en cómo es posible que yo afirme semejante barbaridad si tú jamás promoverías el miedo y la inseguridad en mí. Pues fíjate, lo has hecho como método de manejo y control indirecto ante tu falta de control directo sobre mí. Me explico, ¿recuerdas el cuco? Sí, el cuco. Ese elemento extraño y maravilloso que me decías cuando era más pequeño para que me quedara tranquilo e hiciera lo que tú me decías. Recuerdas que me decías: "pórtate bien que sino el cuco te va a llevar". ¿Lo recuerdas? Sabes que por mucho tiempo viví con miedo del cuco gracias a ti. Lo imaginaba como algo grande, peludo, con dientes filosos, bien malo, que podía venir a llevarme en cualquier momento. Por mucho, pero mucho tiempo viví asustado.

Por suerte un día mi maestra de salón hogar me preguntó qué me pasaba porque me veía nervioso y yo le dije que me daba miedo la noche porque el cuco podía venir y llevarme. Ella me explicó que eso es solo un cuento que hacen ustedes los padres para que uno se porte bien, pero que no es real, que no existe y no tengo por qué tenerle miedo. Me explicó que ese cuento venía de países lejanos, creo que era por allá, por Europa en donde se referían al cuco como el hombre con la cabeza de calabaza. Me dijo que era solo un cuento y que no tenía por qué sentir miedo. Ese día me sentí tan aliviado, hasta pude dormir mejor. Definitivamente, gracias a mi maestra de salón hogar y no gracias a ti. Ahí también comencé a descubrir que utilizabas las mentiras para que yo hiciera lo

Recuerda: no me enseñes a tener miedo acerca de todo aquello que me rodea y por favor no me transmitas tus miedos; no los necesito.

que tú querías. Creo que ese día empecé a darme cuenta de una realidad, las personas mienten cuando les conviene. Si ustedes lo hacen, nosotros también.

Otro ejemplo que podría brindarte acerca de cuándo ustedes deciden establecer el miedo, lo es cuando nos amenazan con el policía. Sucede cuando ustedes dicen: "pórtate bien porque si no el policía va a venir y te va a llevar". Incluso, en ocasiones puede ser que estemos cerca de alguno y ustedes digan algo así como ese policía te va a llevar. Mamá, si me dices eso, lo que estarías provocando en mí sería que desarrolle un cierto temor hacia los policías y que posiblemente cada vez que vea uno sienta hasta cierto punto miedo al pensar que, en efecto, me puede llevar. Recuerda que se supone que vea a los policías como personas que me podrían ayudar en caso de que mi vida corra peligro, no que piense que si estoy cerca de ellos mi vida correrá peligro. ¿Cómo quieres que vea a los policías? ¿Persona de ayuda o el que me va a llevar? ¿Deseas instaurar el miedo y la inseguridad en mí o deseas que me desarrolle como una persona segura e independiente? Piénsalo, porque de ti depende mi futuro.

Puntos importantes

1. En ocasiones, tanto los sentimientos de miedo como inseguridad son transmitidos por ustedes hacia nosotros.
2. Ustedes los pueden transmitir tanto a nivel inconsciente como consciente.
3. La transmisión inconsciente del miedo puede ser observada a través de un comportamiento ejecutado por ti.
4. Si tú presentas algún temor demasiado evidente hacia algo es probable que yo también lo pueda presentar al pensar que si le tiene miedo es porque es algo malo que puede ocasionarle daño así que, yo también debo tenerle miedo porque a mí también me podría ocasionar daño.
5. La transmisión consciente del miedo se observa cuando me dices que algo "malo" ha de pasarme si realizo determinada acción.
6. En ocasiones se establece el miedo como método de manejo y control indirecto ante tu falta de control directo sobre mí.

Posibles beneficios

1. Mayor sentido de independencia.
2. Más seguridad.
3. Disposición a tomar decisiones referentes a mi persona.
4. Más iniciativa.
5. Menos dependencia de ti.
6. Quizás tenga más éxito en la vida al atreverme a realizar las cosas sin un miedo excesivo al fracaso o lo que pueda sucederme.

Capítulo **41**

No soy tu confidente ni tu mejor amigo/a

No sé si te has dado cuenta que en ocasiones algunos padres cometen el grave error de convertir a sus hijos en sus confidentes o sus mejores amigos. Sí, digo grave porque ustedes deberían entender algo básico, no lo somos. Si quieres una mejor amiga o amigo, por favor, busca uno. Haz el trabajo de entablar y promover una relación de amistad con una persona de tu edad o un adulto igual que tú que te entienda, pero no conmigo que soy un niño. Hay veces que algunos padres no saben cómo entablar las relaciones de amistad con otras personas y terminan entablándolas con nosotros. Claro, por suerte en mi caso eso no aplica, pero lamentablemente aplica en ocasiones en el caso de otros niños que conozco.

Si tienes la necesidad de contarle tus problemas a alguien o de desahogarte con alguien, simplemente no me utilices a mí. Es probable que yo no entienda tus problemas aunque quizás los conozca. Es probable, además, que sin querer me pongas en una situación difícil si tus problemas tienen que ver con otro adulto que yo conozca como lo puede ser mi papá o mamá, dependiendo de cuál de ustedes dos está leyendo el libro, mis abuelos o tíos o alguien que realmente sea importante para mí. Imagínate, tu quejándote de la persona y esa persona es alguien a quien yo quiero inmensamente. Sería una situación realmente difícil para mí, porque para colmo, te quiero a ti también y no quiero que sufras. Sin querer, por tu necesidad egoísta de desahogarte con el primero que encuentres, podrías estarme poniendo de malas con esa persona. Además, podrías estar promoviendo en mí la creación de un sentimiento de ansiedad o tristeza al pensar o ver que mi mamá o papá está sufriendo y yo nada puedo hacer para ayudarle. Además, podría pensar que algo grave te puede pasar si no resuelves tu situación a tiempo. Recuerda contarme aquello de ti que crees que pueda manejar dentro del contexto de la edad y el conocimiento con el que cuento.

Puntos importantes

1. Haz el trabajo de entablar y promover una relación de amistad con una persona de tu edad, un adulto igual que tú, que te entienda.
2. Si me cuentas tus problemas a mí puede ser que sin querer me pongas en una situación difícil si tus problemas tienen que ver con otro adulto que yo conozca por un posible conflicto de lealtades.
3. Podrías estar promoviendo en mí la creación de un sentimiento de ansiedad o tristeza al pensar o ver que mi mamá o papá está sufriendo y yo nada puedo hacer para ayudarle.

Posibles beneficios

1. Evitas cargarme con tus problemas.
2. Evitas la posibilidad de indisponerme con alguien que yo conozca.
3. Limitas la posibilidad de crear en mí un sentimiento de ansiedad o tristeza al conocer el detalle de tus problemas.
4. Te das la oportunidad de buscar una persona de tu edad o más bien un adulto que te pueda entender para que le cuentes tus situaciones difíciles.

Una nota final

Gracias por leer estas páginas. Espero te sean de ayuda en tu proceso de crianza tanto como lo han de ser para mí cuando me corresponda ponerlo en práctica. Me encantaría saber que te pareció lo escrito; escríbeme a: mdmayalac@gmail.com. Además, Ser Padres en el Siglo 21, continúa. Me gustaría saber tus sugerencias y/o necesidades para nuevos temas.

Igualmente, si entiendes que necesitas ayuda con algunos de estos temas, estoy disponible para consultas y conferencias.

Atentamente,
María del Mar Ayala Charriez, Psy.D.

Referencias

Anxiety Disorders in Children and Adolescents Fact Sheet. (s.f.). En *National Institute of Mental Health*. Recuperado de http://www.nimh.nih.gov/health/publications/anxiety-disorders-in-children-and-adolescents/index.shtml

Confucio. (s.f.). Citas y Frases Célebres. [Sabidurias.com]. Recuperado de http://www.sabidurias.com.cita/es/2126/confucio/

Depression in Children and Adolescents Fact Sheet. (s.f.). En *National Institute of Mental Health*. Recuperado de http://www.nimh.nih.gov/health/publications/depression-in-children-and-adolescents/index.shtml

Diccionario de la Real Academia Española. (2001). Diccionario de la lengua española (22.ª ed.). Recuperado de http://www.lema.rae.es

Einstein, A. (s.f.). Citas y Frases Célebres. [Sabidurias.com]. Recuperado de http://www.sabidurias.com.cita/es/ 2655/albert-einstein/

Ghandi, M. (s.f.). [Proverbia.net]. Recuperado de http://www.proverbia.net/citasautor.asp?autor=197

Guía de práctica clínica sobre la depresión mayor en la infancia y la adolescencia. Plan de Calidad para el Sistema Nacional de Salud del Ministerio de Sanidad y Política Social. (2009). Recuperado de http://www.guiasalud.es/.../GPC_456_depressionsion_inf_adol_avaliat_compl.pdf

Joubert, J. (s.f.). [Qoutes]. Recuperado de http://www.quotes.net/quote/1314

Montaigne, M. (s.f.). Citas y Frases Célebres. [Sabidurias.com]. Recuperado de http://www.sabidurias.com.cita/es/5652/michel-eyquem-de-montaigne/

García-Pelayo, R. & Gross (1983). Diccionario Larousse del Español Moderno. New York. Librairie Larousse.

Pitágoras. (s.f.). [Frases de hoy]. Recuperado de http://frasedehoy.com/frase/41

Rousseau J. (s.f.). [Goodreads]. Recuperado de http://www.goodreads.com/author/quotes/7994.Jean_Jacques_Rousseau

Libros y/o Documentos que te Recomiendo

1. *The Gift of ADHD*
   Lara Honos-Webb, Ph.D.
2. *SOS Ayuda para padres*
   Lynn Clark, Ph.D.
3. *El desafío del amor para padres*
   Stephen Kendrick & Alex Kendrick
4. *Los cinco lenguajes del amor de los niños*
   Gary Chapman & Ross Campbell
5. *Listas para padres ¿qué hacer y qué no?*
   Jane Bluestein
6. *No hay lugar como el hogar para la educación sexual*
   http://www.advocatesforyouth.org/publications/publications-a-z/573

www.ingramcontent.com/pod-product-compliance
Lightning Source LLC
Chambersburg PA
CBHW060515090426
42735CB00011B/2234